A mão invisível

ADAM SMITH nasceu em 1723 em Kirkaldy, na Escócia. Considerado o pai da economia moderna e o mais importante teórico do liberalismo econômico, estudou no Balliol College, na Universidade de Oxford, e foi por muitos anos professor de filosofia moral na Universidade de Glasgow. Uma das principais figuras, ao lado de David Hume, da Ilustração escocesa, é autor de *Uma investigação sobre a natureza e a causa da riqueza das nações*, ou simplesmente *A riqueza das nações*, sua obra mais conhecida, na qual procurou demonstrar que a prosperidade das nações resulta da atuação de indivíduos que, movidos sobretudo pelo seu próprio interesse (*self-interest*), promovem o crescimento econômico e a inovação tecnológica. A partir de 1778 torna-se comissário da alfândega escocesa, em Edimburgo, onde vem a falecer em 1790.

PAULO GEIGER nasceu no Rio de Janeiro, em 1935. Formou-se em design pela Escola Superior de Desenho Industrial, da Universidade do Estado do Rio de Janeiro. É editor de obras de referência e trabalhou como editor executivo, entre outras, das enciclopédias *Delta-Larousse*, *Delta universal*, *Barsa*, *Mirador internacional* e, entre outros, dos dicionários *Koogan-Larousse*, *Caldas Aulete*, *Aurélio*, *Aulete digital*. É ainda tradutor do inglês e do hebraico, do qual verteu para o português obras de Amós Oz e David Grossman.

Adam Smith

A mão invisível

Tradução de
PAULO GEIGER

5ª reimpressão

COMPANHIA DAS LETRAS

Copyright © 2013 by Penguin — Companhia das Letras
Penguin and the associated logo and trade dress are registered and/or unregistered trademarks of Penguin Books Limited and/or Penguin Group (USA) Inc. Used with permission.

Published by Companhia das Letras in association with Penguin Group (USA) Inc.

Grafia atualizada segundo o Acordo Ortográfico da Língua Portuguesa de 1990, *que entrou em vigor no Brasil em* 2009.

TÍTULO ORIGINAL
The Invisible Hand

CAPA E PROJETO GRÁFICO PENGUIN-COMPANHIA
Raul Loureiro, Claudia Warrak

PREPARAÇÃO
Osvaldo Tagliavini Filho

REVISÃO TÉCNICA
Cláudia Cheron König

REVISÃO
Ana Maria Barbosa
Jane Pessoa

Dados Internacionais de Catalogação na Publicação (CIP)
(Câmara Brasileira do Livro, SP, Brasil)

Smith, Adam, 1723-1790.
    A mão invisível / Adam Smith ; tradução Paulo Geiger. — 1ª ed. — São Paulo: Penguin Classics Companhia das Letras, 2013.

    Título original: The Invisible Hand.
    ISBN 978-85-63560-69-8

    1. Economia – Obras anteriores a 1800 I. Título.

13-05046   CDD-330.153

Índice para catálogo sistemático:
1. Smith : Economia : Teoria : Obras anteriores a 1800
330.153

[2021]
Todos os direitos desta edição reservados à
EDITORA SCHWARCZ S.A.
Rua Bandeira Paulista, 702, cj. 32
04532-002 — São Paulo — SP
Telefone: (11) 3707-3500
www.penguincompanhia.com.br
www.companhiadasletras.com.br
www.blogdacompanhia.com.br

Sumário

1 A divisão do trabalho — 7
2 O princípio da divisão do trabalho — 19
3 O princípio do sistema mercantil — 24
4 Restrições à importação de mercadorias — 55
5 A irracionalidade das restrições — 83
6 Os sistemas agrícolas — 105

1
A divisão do trabalho

O maior progresso na capacidade de produção do trabalho, e a maior parte do talento, aptidão e critério com os quais ele é conduzido ou aplicado em toda parte, parecem ter sido o efeito da divisão do trabalho.

Os efeitos da divisão do trabalho nas atividades em geral da sociedade serão mais facilmente compreendidos se considerarmos de que maneira essa divisão atua de forma específica em algumas manufaturas. Comumente, supõe-se que ela tenha avançado ao mais alto grau em manufaturas menores; não talvez que esteja realmente mais presente nestas do que em outras de maior importância; mas nestas manufaturas menores, que se destinam a suprir as pequenas demandas de não mais que um reduzido grupo de pessoas, o número total de trabalhadores terá necessariamente de ser pequeno; e os que são empregados em cada diferente setor podem ser reunidos com frequência no mesmo local de trabalho* e estar todos a um só tempo à vista de um observador. Nas grandes manufaturas, ao contrário, que se destinam a suprir as altas demandas de um elevado con-

---

* "*Workhouse*" no original, "casa de trabalho", que pode se referir, neste contexto, a um lugar onde pessoas pobres viviam e eram mantidas com dinheiro público, e onde compulsoriamente trabalhavam. (N.T.)

tingente de pessoas, cada diferente setor emprega um número tão grande de trabalhadores que é impossível reuni-los todos num mesmo local de trabalho. Raramente será possível ver, ao mesmo tempo, um número maior do que o dos empregados que trabalham num único setor. Embora em tais manufaturas, portanto, o trabalho possa de fato ser dividido em um número muito maior de partes do que nas manufaturas de menor porte, essa divisão não é tão óbvia assim e, por conseguinte, tem sido muito menos observada.

Tomemos, pois, um exemplo de uma manufatura de porte muito pequeno, mas na qual tenha sido frequentemente observada a divisão do trabalho: a atividade do fabricante de alfinetes; um trabalhador não adestrado para essa ocupação (que a divisão do trabalho transformou numa atividade específica), não familiarizado com o uso da maquinaria nela empregada (cuja invenção foi provavelmente suscitada por essa mesma divisão do trabalho), mal poderia, talvez, usando toda a sua aptidão, fazer um alfinete por dia, e certamente não conseguiria fazer vinte. Mas da maneira com que essa atividade é hoje conduzida, não só todo esse trabalho constitui uma atividade específica como também é dividido em certo número de setores, dos quais a maior parte é composta igualmente de atividades específicas. Um homem desenrola o fio de aço, outro o faz ficar reto, um terceiro o corta, um quarto lhe faz uma ponta, um quinto esmerila para receber a cabeça; fazer a cabeça requer três operações distintas; pô-la no alfinete é uma atividade específica; branquear o alfinete, outra; até mesmo embalar os alfinetes num papel é uma atividade por si mesma; e a importante atividade de fazer um alfinete é, dessa forma, dividida em cerca de dezoito operações diferentes, que, em algumas manufaturas, são realizadas por pessoas distintas, embora em outras, às vezes, o mesmo homem realize duas ou três delas. Conheci uma pequena manufatura desse tipo que empregava apenas dez homens, e onde alguns deles, consequentemente, realizavam duas ou três operações diferentes cada um. Mas apesar de serem muito pobres, e portanto só sofrivelmente equipados com a maquinaria necessária, eles podiam, quando se esforçavam, produzir entre si cerca de doze libras* de alfinetes por dia. Uma libra pode conter até 4 mil alfinetes de tamanho médio. Essas dez pessoas, portanto, podem produzir entre elas até 48 mil alfinetes por dia. Assim, pode-se considerar que cada pessoa, produzindo uma décima parte de 48 mil alfinetes, produz 4800 alfinetes. Mas se tivessem trabalhado separada e independentemente, e sem que nenhuma delas tivesse sido treinada para essa atividade específica, com certeza não poderia, cada uma delas, produzir vinte, talvez nem mesmo um alfinete por dia; ou seja, com certeza não a 240ª parte, talvez nem mesmo a 4800ª parte da quantidade que são agora capazes de atingir, como consequência de uma divisão do trabalho e da combinação apropriada das diferentes operações.

Em qualquer outro ofício ou manufatura, os efeitos da divisão do trabalho são semelhantes a esses verificados nos de porte bem pequeno, ainda que, em muitos deles, o trabalho não possa ser tão subdividido, nem reduzido a uma simplicidade tão grande de operação. No entanto, a divisão do trabalho, quando pode ser implementada, acarreta, em cada ofício, um incremento proporcional da capacidade produtiva. A separação entre as diferentes atividades e os diferentes empregos parece ter ocorrido em consequência dessa vantagem. Essa separação, inclusive, é geralmente levada ao extremo nos países que desfrutam de um grau mais alto de industrialização e progresso; aquilo que constitui o trabalho de um único homem numa sociedade em estágio rudimentar é

---

* Uma libra equivale a cerca de 450 gramas de alfinetes. (N.T.)

normalmente dividido entre vários numa mais desenvolvida. Em toda sociedade desenvolvida, um agricultor em geral não é nada além de um agricultor. O manufator, nada além de um manufator. O trabalho necessário para produzir qualquer manufaturado completo é quase sempre dividido entre um grande número de trabalhadores. Como são numerosas as diferentes atividades em cada setor da manufatura do linho e da lã, desde os que cultivam a fibra e a lã até os que branqueiam e amaciam o linho, ou os que tingem e dão acabamento ao tecido! De fato, a natureza intrínseca da agricultura não admite tantas subdivisões do trabalho, nem uma separação tão completa entre uma atividade e outra, tal como o faz a manufatura. É impossível separar tão inteiramente a ocupação do criador do gado de engorda da do cultivador de trigo como se pode fazer comumente com relação à do carpinteiro e à do ferreiro. O fiandeiro e o tecelão são quase sempre pessoas distintas; mas o arador, o gradador, o semeador e o ceifador do trigo são frequentemente a mesma pessoa. Como esses diversos tipos de trabalho ocorrem em diferentes estações do ano, seria impossível que um homem fosse empregado de maneira constante em qualquer um deles. Essa impossibilidade de estabelecer uma separação tão completa de todas as diferentes etapas do trabalho aplicado na agricultura é talvez o motivo pelo qual o incremento da capacidade produtiva do trabalho nesse ofício nem sempre acompanha o ritmo de seu incremento na manufatura. Com efeito, as nações mais opulentas em geral superam todos os seus vizinhos tanto na agricultura quanto na manufatura, mas normalmente destacam-se mais por sua superioridade nesta do que naquela. Em geral, suas terras são mais bem cultivadas, e por terem mais trabalho e mais recursos aplicados nelas, produzem mais do que seria esperado em proporção à extensão das terras e à fertilidade do solo. Mas essa superioridade na produção raramente excede, em termos proporcionais, a superioridade do trabalho e dos recursos aplicados. Na agricultura, o trabalho nos países ricos nem sempre é muito mais produtivo do que nos países pobres; ou, pelo menos, nunca é tão mais produtivo quanto habitualmente é no caso da manufatura. Portanto, considerando o mesmo nível de qualidade, o trigo dos países ricos nem sempre chegará mais barato no mercado do que o dos países pobres. O trigo da Polônia, levando em conta o mesmo nível de qualidade, é tão barato quanto o da França, a despeito da maior opulência e grau de desenvolvimento desta última. O trigo da França, nas províncias produtoras de tal cereal, é tão bom quanto o trigo da Inglaterra, e na maioria dos anos tem aproximadamente o mesmo preço que este, embora, em opulência e desenvolvimento, a França talvez seja inferior à Inglaterra. Os campos de trigo da Inglaterra, contudo, são mais bem cultivados que os da França, e considera-se que os campos de trigo da França são mais bem cultivados que os da Polônia. Mas embora um país pobre, a despeito da inferioridade de seu cultivo, possa em certa medida competir com um país rico quanto ao baixo preço e à boa qualidade de seu cereal, ele não pode pretender ser tão competitivo no que tange a suas manufaturas, pelo menos se essas manufaturas forem compatíveis com o solo, o clima e a localização do país rico. As sedas da França são melhores e mais baratas que as da Inglaterra porque a manufatura da seda, ao menos no atual regime de altas taxas sobre a importação da matéria-prima para o produto, não é tão compatível com o clima da Inglaterra quanto o é com o da França. Mas os equipamentos e as lãs em estado bruto da Inglaterra são incomparavelmente superiores aos da França, e também muito mais baratos para o mesmo nível de qualidade. Na Polônia, sabe-se, são raras as manufaturas de qualquer tipo, com exceção de algumas manufaturas domésticas rudimentares, sem as quais nenhum país pode bem subsistir.

Esse grande incremento na quantidade de atividades que, em consequência da divisão do trabalho, o mesmo número de pessoas é capaz de realizar deve-se a três circunstâncias diferentes; primeiro, ao aumento da aptidão de cada trabalhador em particular; segundo, à economia do tempo que comumente se perde ao se passar de um tipo de ocupação para outro; e, finalmente, à invenção de um grande número de máquinas que facilitam e abreviam o trabalho, e permitem que um homem realize a tarefa de muitos.

Primeiro, a melhora na aptidão do trabalhador vai inevitavelmente aumentar a quantidade de trabalho que ele pode realizar; e a divisão do trabalho, ao reduzir a atividade de cada homem para uma única operação simples, e ao fazer dessa operação a única ocupação em sua vida, vai necessariamente aumentar muito a aptidão desse trabalhador. Um ferreiro comum, que, embora acostumado a manejar o martelo, nunca foi empregado para fazer pregos, se em alguma ocasião específica for obrigado a tentá-lo, dificilmente, estou convencido, será capaz de fazer mais de duzentos ou trezentos pregos por dia, e mesmo estes serão de muito má qualidade. Um ferreiro que se acostumou a fazer pregos, mas cuja única ou principal atividade não tenha sido a de um pregueiro, mesmo com o máximo de diligência, raramente fará mais de oitocentos ou mil pregos por dia. Tenho visto vários rapazes com menos de vinte anos de idade que nunca praticaram outra atividade senão a de fazer pregos, e que, quando se aplicaram, conseguiram fazer, cada um deles, até 2300 pregos por dia. A feitura de um prego, no entanto, de maneira alguma é operação das mais simples. A mesma pessoa aciona o fole, atiça ou aviva o fogo quando necessário, aquece o ferro e forja cada parte do prego; e também, ao forjar a cabeça do prego, ele tem de trocar suas ferramentas. As diferentes operações em que se subdivide a feitura de um prego, ou de um botão de metal, são todas elas muito mais simples, e a aptidão de uma pessoa numa dessas operações, caso esta tenha sido a única atividade a que essa pessoa se dedicou em sua vida, será normalmente muito maior. A rapidez com que algumas das operações desses manufatores são realizadas excede aquela que alguém que nunca as tenha presenciado julgaria atingível pelo trabalho da mão humana.

Segundo, a vantagem que se obtém economizando o tempo que comumente se perde na passagem de um tipo de trabalho para outro é muito maior do que poderíamos imaginar à primeira vista. É impossível passar muito rapidamente de um tipo de trabalho para outro que seja realizado em um lugar diferente e com ferramentas muito distintas. Um tecelão rural que cultiva uma pequena fazenda pode perder um bom tempo passando de seu tear para o campo, e do campo para seu tear. Quando as duas atividades podem ser realizadas no mesmo local de trabalho, a perda de tempo é sem dúvida bem menor. Mas mesmo nesse caso ela é bastante significativa. Um homem geralmente fica um pouco sem rumo quando muda de um tipo de ocupação para outro. Quando ele começa o novo trabalho pela primeira vez, raramente está muito interessado ou entusiasmado; sua mente, como se diz, não está tão afiada, e por algum tempo ele mais se distrai do que se aplica com diligência. O hábito da tergiversação e de uma aplicação descuidada e indolente, que é natural ou mesmo necessariamente adquirido pelo trabalhador rural que se vê obrigado a mudar de serviço e de ferramentas a cada meia hora, e de atuar de vinte maneiras diferentes quase que em cada dia de sua vida, o torna quase sempre negligente e preguiçoso, incapaz de qualquer atuação vigorosa mesmo nas ocasiões de maior pressão. Portanto, independentemente de sua deficiência no que tange à perícia, apenas essa causa basta para reduzir de maneira considerável a quantidade de trabalho que ele é capaz de realizar.

Terceiro e último, todos devem estar percebendo o quanto o trabalho é facilitado e abreviado com o uso de maquinaria adequada. É desnecessário dar qualquer exemplo disso. Por essa razão, só vou observar que a invenção de todas essas máquinas, graças às quais o trabalho é tão facilitado e abreviado, parece dever-se originalmente à divisão do trabalho. Os homens têm muito mais propensão a descobrir métodos mais fáceis e mais disponíveis de atingir qualquer objetivo quando toda a sua atenção e suas mentes estão dirigidas para um único objetivo do que quando estão dispersas em uma grande variedade de coisas. Mas em consequência da divisão do trabalho, toda a atenção de cada homem vai ser naturalmente dirigida a um único e muito simples objetivo. Portanto, é de esperar, sem dúvida, que um ou outro dos que estão empregados em cada subdivisão particular de um trabalho logo descubra métodos mais fáceis e mais à mão de realizar seu próprio e específico trabalho, sempre que a natureza deste admitir tal melhora. A maior parte das máquinas empregadas nessas manufaturas em que o trabalho é mais subdividido foi originalmente inventada por trabalhadores comuns, que, sendo cada um deles empregado numa operação muito simples, naturalmente concentraram seu pensamento em descobrir métodos mais fáceis e mais próximos para realizar aquela operação. A quem quer que tenha se habituado a visitar essas manufaturas devem ter sido mostradas frequentemente máquinas bem boas, que foram inventadas por esses trabalhadores para facilitar e tornar mais rápida sua própria participação no trabalho. Nos primeiros carros de bombeiros, empregava-se quase sempre um menino para abrir e fechar alternadamente a comunicação entre a caldeira e o cilindro, de acordo com o movimento ascendente ou descendente do pistão. Um desses meninos, que gostava de brincar com seus colegas, observou que, atando uma corda da empunhadura da válvula que abria essa comunicação a outra parte da máquina, a válvula se abriria e fecharia sem sua intervenção, e o deixaria livre para se divertir com seus companheiros de brincadeiras. Assim, um dos grandes aperfeiçoamentos que se fizeram nessa máquina, desde a sua invenção, foi a descoberta de um menino que queria poupar-se de seu próprio trabalho.

No entanto, as melhorias feitas em maquinaria não foram todas, de maneira alguma, invenções daqueles que tinham ensejo de usar as máquinas. Muitas melhorias foram realizadas graças à engenhosidade dos que fabricavam máquinas, quando fabricá-las se tornou um negócio e uma atividade específicos; e algumas foram projetadas por aqueles que são chamados de filósofos, ou homens de especulação intelectual, cuja ocupação era a de não fazer nada a não ser observar tudo, e que, nessa qualidade, frequentemente são capazes de juntar e combinar os potenciais de coisas as mais distantes e dessemelhantes. Na evolução da sociedade, a filosofia ou especulação intelectual torna-se, como qualquer outro emprego, a principal ou única atividade e ocupação de uma classe específica de cidadãos. Como qualquer outro trabalho, também é subdividida em um grande número de setores diferentes, e cada um deles oferece ocupação para uma categoria, ou classe, de filósofos; e essa subdivisão do emprego na atividade da filosofia, como em qualquer outro negócio, incrementa a perícia e economiza tempo. Cada indivíduo torna-se mais perito em seu setor específico, mais trabalho é realizado como um todo, e a quantidade de conhecimento é consideravelmente aumentada por isso.

É a grande multiplicação nas produções de todos os diferentes ofícios, em consequência da divisão do trabalho, que propicia, numa sociedade bem governada, que a riqueza universal se estenda até as classes mais baixas do povo. Todo trabalhador tem uma grande quantidade de itens de seu próprio trabalho para pôr à disposição, muito além dos que ele terá ensejo de dispor ele mesmo; e como cada um dos outros trabalhadores está exatamente nessa mesma situação, ele tem a possibilidade de trocar uma grande quantidade de seus próprios itens por uma grande quantidade dos de outros, ou, o que vem a ser a mesma coisa, pelo preço equivalente a uma grande quantidade dos de outros. Ele supre os outros abundantemente com aquilo de que eles possam ocasionalmente precisar, e eles lhe fornecem com a mesma abundância aquilo de que ele eventualmente necessite, e uma grande fartura se dissemina por todas as diferentes classes da sociedade.

Observem-se as conveniências* do mais comum dos artesãos ou de um jornaleiro** num país civilizado e próspero, e se perceberá que o número de pessoas empregadas para lhe suprir uma parte delas, mesmo que só uma pequena parte, excede qualquer cômputo imaginável. Um casaco de lã, por exemplo, que agasalha um jornaleiro, por mais rudimentar e rústico que possa parecer, é o produto do trabalho conjunto de uma grande multidão de trabalhadores. O pastor das ovelhas, o classificador e separador da lã, o penteador ou cardador, o tingidor, o desenredador, o fiandeiro, o tecelão, o pisoeiro, o que faz a roupa, todos eles precisam, com muitos outros, juntar seus diferentes ofícios para completar até mesmo uma produção tão despretensiosa. Quantos mercadores e transportadores, além disso, tiveram de ser empregados no transporte dos materiais de alguns desses trabalhadores para outros, que muitas vezes vivem numa parte distante do país! Quantos mercadores e

---

* No original, *"accommodation"*. No sentido material, na definição do *Webster's*: "Algo que é suprido por conveniência ou para satisfazer a uma necessidade". (N.T.)
** Nesse caso, "jornaleiro" refere-se ao trabalhador que é empregado e recebe por dia de trabalho. (N.T.)

transportadores, além disso, tiveram de empregar tantos armadores, marinheiros, fabricantes de velas de navio, fabricantes de cordas, para reunir os diferentes ingredientes usados pelo tingidor, que frequentemente são trazidos dos mais remotos cantos do mundo! Quanta variedade de trabalho também é necessária para produzir as ferramentas dos mais medianos desses trabalhadores! Isso sem falar de máquinas tão complicadas como o navio do marinheiro, o pisão do pisoeiro ou até mesmo o tear do tecelão; e basta considerar quanta variedade de trabalho é necessária para fazer uma máquina muito simples: as tesouras com as quais o pastor tosquia a lã. O mineiro, o construtor da fornalha para fundir o minério, o vendedor da lenha, o queimador do carvão que será usado no forno de fundição, o oleiro que fabrica os tijolos, o pedreiro que dispõe os tijolos, o trabalhador que alimenta a fornalha, o encarregado de cuidar das máquinas na fábrica, o forjador, o ferreiro, todos eles têm de juntar seus diferentes ofícios para produzi-las. Examinemos, da mesma maneira, todas as diferentes partes de sua vestimenta, a camiseta de linho grosseiro que ele usa colada à pele, os sapatos que cobrem seus pés, a cama sobre a qual ele se deita, e todas as diversas partes que os compõem; a grelha na cozinha em que ele prepara suas comidas, os carvões que usa para esse fim, escavados dos intestinos da terra e trazidos até ele talvez mediante um longo transporte por mar e por terra, todos os demais utensílios de sua cozinha, todos os objetos de sua mesa, as facas e os garfos, os pratos de barro ou de estanho onde ele põe e serve suas comidas, as diferentes mãos que foram empregadas para fazer seu pão e sua cerveja, a janela de vidro que permite que entrem o calor e a luz e deixa do lado de fora o vento e a chuva, com todos os requisitos de conhecimento e de arte necessários para preparar essa bela e feliz invenção, sem a qual não se poderia proporcionar a essas regiões setentrionais do mundo um tipo confortável de habitação, tudo isso junto com as ferramentas de todos os diferentes trabalhadores empregados na produção dessas diferentes conveniências; se examinarmos, afirmo, todas essas coisas, e considerarmos quanta variedade de trabalho foi usada em cada uma delas, poderemos perceber que, sem a assistência e a cooperação de muitos milhares, a pessoa mais andrajosa num país civilizado não poderia ser atendida em suas necessidades, mesmo de acordo com a maneira que falsamente imaginamos a mais despojada e simples, a que ela está costumeiramente habituada. De fato, em comparação com o luxo mais extravagante dos mais aquinhoados, suas necessidades devem sem dúvida parecer extremamente simples e despojadas; e também pode ser, talvez, que as necessidades de um príncipe europeu nem sempre excedam tanto às de um industrioso e frugal camponês quanto as deste último excedem às de muitos reis africanos, senhor absoluto das vidas e das liberdades de 10 mil selvagens nus.

2
O princípio da divisão do trabalho

A divisão do trabalho, da qual derivam tantas vantagens, não é originariamente um efeito de qualquer sabedoria humana, que prevê e tem como intenção a riqueza geral que ela propicia. Ela é a necessária, embora muito lenta e gradual, consequência de certa propensão da natureza humana que não visa a tão ampla utilidade; a propensão de escambar, permutar, trocar uma coisa por outra.

Se essa propensão é um desses princípios originais da natureza humana que não podem ser explicados além deles mesmos; ou se, como parece ser mais provável, é a consequência natural das faculdades do raciocínio e da fala, tal pergunta não cabe na presente abordagem do tema. Ela é comum a todos os homens, e não se encontra em nenhuma outra raça de animais, que parecem não conhecer nem essa nem qualquer outra espécie de pacto. Dois galgos, ao perseguirem a mesma lebre, parecem às vezes estar agindo segundo algum tipo de combinação. Cada um faz a caça ir em direção a seu companheiro, ou trata de interceptá-la quando seu companheiro a faz ir em sua direção. Isso, no entanto, não é efeito de nenhum pacto, mas a convergência acidental de seus desejos no mesmo objeto de forma simultânea. Ninguém jamais viu um cão fazer deliberadamente a justa troca de um osso seu pelo de outro cão. Ninguém jamais viu um animal, por meio de seus gestos e vozes naturais, exprimir a outro: "Isso é meu, aquilo é seu"; "quero lhe dar isto em troca daquilo". Quando um animal quer obter algo de um homem ou de outro animal, não tem outro meio de persuasão a não ser agradar àquele de quem ele pretende receber o que quer. Um filhote bajula sua mãe, e um spaniel empenha-se com mil recursos em atrair a atenção de seu dono, quando este está jantando, para ser alimentado por ele. O homem usa às vezes dos mesmos artifícios com seus irmãos, e, quando não dispõe de outros meios para induzi-los a agir de acordo com o que pretende, empenha-se com todo tipo de atenção servil e bajulatória em contar com sua boa vontade. No entanto, ele não tem tempo para fazer isso a todo momento. Na sociedade civilizada, ele precisa sempre da cooperação e da assistência de verdadeiras multidões, enquanto sua vida inteira mal é suficiente para ganhar a amizade de umas poucas pessoas. Em quase toda outra raça de animais, cada indivíduo, quando atinge a maturidade, é totalmente independente, e em seu estado natural não haverá ocasião para a assistência de qualquer outro ser vivo. Mas o homem tem quase sempre a necessidade de receber ajuda de seus irmãos, e será em vão de sua parte esperar que isso ocorra apenas por causa da benevolência deles. Ele terá mais possibilidade de consegui-lo se puder despertar o amor-próprio deles a agir em seu favor, e demonstrar-lhes que será para o próprio benefício deles fazer por ele o que ele mesmo lhes está requerendo. É a isso que está se propondo quem quer que ofereça a outrem uma barganha de qualquer tipo. "Dê-me aquilo que eu quero, e você terá isto que você quer", eis o significado de cada uma dessas ofertas; e é dessa maneira que obtemos um do outro a imensa maioria dos bons ofícios de que temos necessidade. Não é da benevolência do açougueiro, do cervejeiro ou do padeiro que esperamos o nosso jantar, mas da consideração que eles têm por seus próprios interesses. Nós nos dirigimos não ao seu humanitarismo, mas à sua autoestima, e nunca lhes falamos de nossas próprias necessidades, mas dos benefícios que eles poderão obter. Ninguém, a não ser um mendigo, opta por depender principalmente da benevolência de seus concidadãos. Mesmo um mendigo não depende disso inteiramente. De fato, a caridade das pessoas bem-intencionadas o supre com todos os fundos necessários à sua subsistência. Mas embora tal princípio o proveja afinal de todas as coisas necessárias à vida das quais ele venha a precisar, não as provê, nem pode provê-las, na ocasião mesma em que ele delas necessita. A maior parte das coisas que ele ocasionalmente quererá será suprida da mesma maneira que são supridas as das outras pessoas, por acordo, por permuta e por aquisição. Com o dinheiro que um homem lhe dá, ele compra comida. As roupas velhas que outra pessoa lhe doa ele troca por outras roupas velhas que lhe servem melhor, ou por alojamento, ou por comida, ou por dinheiro, com o qual pode adquirir comida, ou roupas, ou alojamento, de acordo com a ocasião.

Assim como é por acordo, por permuta e por aquisição que obtemos uns dos outros a maior parte daqueles bons ofícios de que necessitamos, é também essa mesma disposição para a troca que originalmente propiciou a divisão do trabalho. Numa tribo de caçadores ou de pastores, determinada pessoa faz arcos e flechas, por exemplo, com mais disposição e destreza do que qualquer outra. Essa pessoa frequentemente os troca com seus companheiros por gado ou por carne de caça, e afinal descobre que pode, desse modo, obter mais gado e carne de caça do que obteria se ela mesma saísse em campo para pegá-los. Considerando portanto seu próprio interesse, a feitura de arcos e flechas passa a ser sua principal atividade, e essa pessoa se torna uma espécie de armeiro. Outra excele em fazer as estruturas e coberturas de suas pequenas choupanas e casas transportáveis. Ela se habitua a fazer isso para seus vizinhos, que a recompensam da mesma maneira com gado e com carne de caça, até que finalmente descobre que é de seu interesse se dedicar totalmente a essa ocupação e se tornar uma espécie de carpinteiro-construtor. Da mesma forma, uma terceira pessoa se torna um ferreiro ou funileiro; uma quarta, um curtidor ou preparador de couros ou peles, principal componente do vestuário de populações primitivas.* E assim a certeza de ser capaz de trocar toda aquela parte excedente da produção de seu próprio trabalho, que está além e acima de seu próprio consumo, pelas partes do produto do trabalho de outros homens, conforme tiver ensejo para isso, estimulando todo homem a se dedicar a uma ocupação específica e a cultivar e levar à perfeição qualquer talento ou vocação que ele possa ter naquela espécie particular de atividade.

A diferença entre os talentos naturais de pessoas distintas é, na realidade, muito menor do que imaginamos; e, quando amadurecida, a própria vocação diferente que aparece para distinguir homens de diversas profissões não é, em muitas ocasiões, tanto a causa da divisão do trabalho, mas sobretudo o seu efeito. A diferença entre os mais dessemelhantes personagens, entre um filósofo e um carregador de rua comum, por exemplo, parece surgir não tanto de sua natureza quando do hábito, do costume e da educação. Quando vieram ao mundo, e nos primeiros seis ou oito anos de sua existência, eles eram, talvez, muito parecidos, e nem seus pais nem seus companheiros de brincadeira poderiam perceber nenhuma diferença digna de nota. Mais ou menos nessa idade, ou pouco depois, eles vieram a ser empregados em ocupações muito distintas. A diferença entre os talentos começa então a se fazer notar, e se amplia de forma gradual, até que finalmente a presunção do filósofo quase não reconhece nenhuma semelhança. Mas sem a inclinação para escambar, permutar e trocar, todo homem teria de se suprir de todo o necessário e convenien-

---

* No original, "*savages*", que na tradução literal ("selvagens") poderia induzir a erro quanto ao significado. (N. T.)

te para a vida que ele quisesse. Todos teriam de ter os mesmos deveres a cumprir e o mesmo trabalho a fazer, e não poderia haver tal dessemelhança de empregos que pudesse, sozinha, ocasionar tão grande diferença de talentos.

Assim como é essa inclinação que forma a diferença de talentos, tão notável entre homens de profissões distintas, é também essa mesma inclinação que torna tal diferença útil. Muitos grupos de animais tidos como sendo todos da mesma espécie têm por natureza uma diferença muito mais digna de nota entre suas genialidades do que, antes dos costumes e da educação, parece ter havido entre os homens. Por natureza, seja em vocação ou em inclinação, um filósofo não tem em relação a um carregador de rua metade da diferença que um mastim tem em relação a um galgo, ou um galgo em relação a um spaniel, ou este último em relação a um cão pastor. Esses diferentes grupos de animais, no entanto, embora todos da mesma espécie, quase não podem ser usados uns pelos outros. A força do mastim não pode afinal ser compensada pela ligeireza do galgo, nem pela sagacidade do spaniel, e tampouco pela docilidade do cão pastor. Os efeitos dessas vocações e talentos distintos, na falta do poder ou da inclinação para permutar e trocar, não podem ser reunidos num acervo comum, e não contribuem de maneira alguma para uma melhor satisfação e conveniência das espécies. Cada animal ainda é obrigado a se sustentar e se defender separada e independentemente, não obtendo nenhum tipo de vantagem dessa variedade de talentos com que a natureza distinguiu seus semelhantes. Entre os homens, ao contrário, as mais diversas vocações são de uso recíproco; as diferentes produções de seus respectivos talentos, com a disposição geral de escambar, permutar e trocar, podem ser trazidas, como são, a um acervo comum, onde cada homem pode adquirir qualquer parte da produção do talento de outro na ocasião em que dela necessite.

3
O princípio do sistema mercantil

A economia política, considerada como um ramo da ciência de um estadista ou de um legislador, propõe-se a dois objetivos distintos: primeiro, prover uma receita farta ou subsistência para as pessoas, ou, mais propriamente, capacitá-las a prover tal receita ou subsistência para si mesmas; segundo, suprir o Estado ou a comunidade nacional com receita suficiente para seus serviços públicos. Propõe-se a enriquecer tanto o povo quanto o soberano.

O avanço diferenciado da opulência em épocas e nações distintas deu ensejo a dois diferentes sistemas de economia política no que tange ao enriquecimento das pessoas. Um pode ser chamado sistema de comércio; o outro, de agricultura.

[...]

Que a riqueza consiste em dinheiro, ou em ouro e prata, é uma noção popular que surge naturalmente da dupla função do dinheiro, como instrumento de comércio e como medida de valor. Em consequência de ser o instrumento do comércio, quando temos dinheiro podemos obter com mais facilidade qualquer outra coisa de que ocasionalmente necessitemos do que por meio de qualquer outra mercadoria. A grande questão, e que sempre acabamos por constatar, é arranjar dinheiro. Quando o obtemos, não há dificuldade para fazer qualquer aquisição subsequente. Como consequência de ser a medida de valor, estimamos o valor de outras mercadorias pela quantidade de dinheiro pela qual poderão ser trocadas. De um homem rico, dizemos que ele vale muito dinheiro; de um homem pobre, que ele vale muito pouco dinheiro. Dizemos de um homem parcimonioso ou de um que é ávido de ser rico que ele gosta de dinheiro; e um homem desprendido, generoso ou gastador é tido como indiferente ao dinheiro. Ficar rico é ganhar dinheiro; e riqueza e dinheiro, em resumo, na linguagem comum, são considerados, para todos os efeitos, sinônimos.

Supõe-se que um país rico, da mesma maneira que um homem rico, seja um país que tem muito dinheiro; e que acumular ouro e prata num país é o meio mais rápido para enriquecê-lo. Por algum tempo após a descoberta da América, a primeira indagação dos espanhóis quando chegavam a qualquer costa desconhecida costumava ser: "Será que há algum ouro ou prata a ser descoberto nas proximidades?". Pela informação que recebiam, eles julgavam se valia a pena estabelecer-se ali, ou se valia a pena conquistar aquela terra. Plano Carpino, um monge, enviado como embaixador do rei da França a um dos filhos do famoso Gengis Khan, conta que os tártaros costumavam perguntar-lhe frequentemente se havia abundância de carneiros e bois na França. Sua indagação tinha o mesmo propósito da dos espanhóis. Queriam saber se o país era rico o bastante para valer a pena ir conquistá-lo. Entre os tártaros, assim como entre todas as outras nações de pastores, que geralmente ignoram o uso do dinheiro, o gado é instrumento de comércio e medida de valor. Para eles, portanto, a riqueza consiste em gado, assim como para os espanhóis consiste em ouro e prata. Dos dois, o conceito dos tártaros talvez fosse o mais próximo da verdade.

O sr. Locke aponta uma distinção entre o dinheiro e outros bens móveis. Todos os outros bens móveis, diz ele, são de natureza tão consumível que não se pode depender muito de uma riqueza que consista neles, e uma nação que os tenha em abundância em certo ano poderá, mesmo sem qualquer exportação, e meramente por seu próprio uso e desperdício, ter dele carência no ano seguinte. Dinheiro, ao contrário, é um amigo constante, que, apesar de poder transitar de mão em mão, contanto que se possa evitar que saia do país, não é muito suscetível de ser esbanjado e consumido. Ouro e prata são, portanto, segundo ele, a parte mais sólida e substancial da riqueza móvel de uma nação, e multiplicar esses metais deve ser, assim pensa ele a respeito, o grande objetivo de sua economia política.

Outros admitem que se uma nação pudesse ser separada do resto do mundo, o fato de nela circular muito ou pouco dinheiro não traria muitas consequências. Somente a de que os bens de consumo que circulariam por meio desse dinheiro seriam trocados por um número maior ou menor de moedas; porém a verdadeira riqueza ou pobreza do país, eles admitem, dependeria inteiramente da abundância ou escassez desses bens de consumo. Mas não seria esse o caso, pensam eles, de países que têm conexões com nações estrangeiras, e que são obrigados a conduzir guerras no estrangeiro e a manter esquadras e exércitos em países distantes. Isso, dizem, não pode ser feito a não ser enviando dinheiro para fora com o intuito de mantê-los; e uma nação não pode enviar muito dinheiro para o exterior a não ser que o tenha bastante em casa. Cada nação dessas, portanto, tem de se empenhar em tempos de paz para acumular ouro e prata, para que, quando a situação exigir, possa dispor de recursos a fim de sustentar guerras no estrangeiro.

Como consequência desses conceitos populares, as diferentes nações da Europa estudaram, embora sem muito resultado, todos os meios possíveis de acumular ouro e prata em seus respectivos países. Espanha e Portugal, proprietários das principais minas que suprem a Europa com esses metais, ou têm proibido sua exportação sob ameaça de severas penas ou a têm submetido a altas taxas aduaneiras. Proibição semelhante parece ter sido antigamente parte da política da maioria das outras nações europeias. Pode ser encontrada até mesmo onde menos se poderia esperar, em alguns dos antigos atos do Parlamento escocês, que proíbe, sob fortes penalidades, levar ouro ou prata *para fora do reino*. Políticas semelhantes tiveram lugar outrora tanto na França quanto na Inglaterra.

Quando esses países se tornaram mercantis, os comerciantes acharam essa proibição, em muitas ocasiões, extremamente inconveniente. Com frequência, eles poderiam comprar mais vantajosamente com ouro e prata do que com qualquer outro artigo as mercadorias estrangeiras que queriam, seja importando-as para eles mesmos, seja levando-as para outro país estrangeiro. Portanto, eles protestaram contra essa proibição, alegando ser prejudicial ao comércio.

Argumentaram, em primeiro lugar, que a exportação de ouro e prata para adquirir mercadorias estrangeiras não acarretaria necessariamente uma diminuição da quantidade desses metais no reino. Que, pelo contrário, isso poderia muitas vezes aumentar essa quantidade, porque, se o consumo das mercadorias estrangeiras não aumentasse concomitantemente no país, essas mercadorias poderiam ser reexportadas para países estrangeiros, e, sendo lá vendidas com grande lucro, devolveriam muito mais ouro e prata do que o que fora originalmente enviado para o exterior a fim de adquiri-las. O sr. Mun compara essa operação de comércio exterior aos tempos de semeadura e de colheita na agricultura. "Se contemplarmos apenas as ações do agricultor no tempo da semeadura", diz, "quando ele desperdiça tanto cereal bom dentro do solo, nós o teríamos mais como um louco do que como um agricultor. Mas quando avaliarmos seu trabalho na colheita, que é a finalidade de seus esforços, vamos ver o valor e o grande incremento que suas ações propiciam."

Alegaram, em segundo lugar, que essa proibição não teria como impedir a exportação de ouro e prata, os quais, devido a seu tamanho reduzido em proporção ao seu valor, poderiam ser facilmente contrabandeados para o exterior. Que essa exportação só poderia ser evitada se se desse a devida atenção ao que chamaram de "balança comercial". Que quando o país exporta num valor maior do que importa, a balança fica credora em relação às nações estrangeiras, que necessariamente pagarão em ouro e prata, aumentando assim a quantidade desses metais no reino. Mas que quando ele importa num valor maior do que exporta, a balança se inverte e ele se torna devedor das nações estrangeiras, e terá obrigatoriamente que pagar a elas da mesma maneira, diminuindo, portanto, a quantidade desses metais. Que, nesse caso, proibir a exportação desses metais não a evitaria, mas, ao fazê-la mais perigosa, apenas a tornaria mais dispendiosa. Que isso tornaria o câmbio mais desvantajoso para o país devedor na balança do que seria sem a proibição; o comerciante que adquirisse um título contra o país estrangeiro seria obrigado a pagar ao banqueiro que o vende não só pelos riscos naturais, contratempos e despesas de enviar o dinheiro para lá, mas pelo risco extra que advém da proibição. Mas quanto mais a operação de câmbio for contra um país, mais a balança comercial se volta forçosamente contra ele, e o dinheiro desse país se torna inevitavelmente de muito menor valor em comparação com o país ao qual a balança é devedora. Que se no câmbio entre a Inglaterra e a Holanda, por exemplo, houver uma diferença de 5% contra a Inglaterra, seriam necessárias 105 onças de prata da Inglaterra para adquirir um título de cem onças de prata na Holanda; que 105 onças de prata na Inglaterra, portanto, só valeriam cem onças de prata na Holanda, e poderiam adquirir somente uma quantidade proporcional de mercadorias holandesas; mas que cem onças de prata na Holanda, ao contrário, valeriam 105 onças na Inglaterra, e poderiam adquirir uma quantidade proporcional de mercadorias inglesas; que as mercadorias inglesas que fossem vendidas para a Holanda seriam mais baratas na mesma proporção; e que as mercadorias holandesas que fossem vendidas para a Inglaterra seriam mais caras na proporção da diferença de câmbio; que teria de se sacar tão menos dinheiro holandês para pagar a Inglaterra e tão mais dinheiro inglês para pagar a Holanda quanto fosse proporcionalmente essa diferença; e que o saldo da balança comercial, portanto, seria necessariamente muito mais desfavorável à Inglaterra, e iria dela requerer maior quantidade de ouro e prata a ser exportada para a Holanda.

Esses argumentos eram em parte sólidos, em parte sofísticos. Eram sólidos até onde afirmavam que a exportação de ouro e prata no comércio poderia ser frequentemente vantajosa para o país. Eram sólidos também ao asseverar que nenhuma proibição poderia evitar sua exportação quando pessoas privadas achassem vantajoso para elas exportá-los. Mas eram sofísticos ao supor que era necessária maior atenção do governo para preservar ou aumentar a quantidade desses metais do que para preservar ou aumentar a quantidade de outros artigos úteis, que, com a liberdade de comércio, mesmo sem essa atenção, nunca deixam de ser supridos na quantidade adequada. Talvez também fossem sofísticos ao asseverar que o alto preço no câmbio necessariamente aumentaria o que eles chamavam de balança comercial desfavorável, ou que ocasionaria a exportação de uma quantidade maior de ouro e prata. De fato, o preço alto seria extremamente desvantajoso para os comerciantes que tivessem qualquer dinheiro a pagar em países estrangeiros. Eles teriam de pagar muito mais caro pelas faturas com que seus banqueiros os avalizariam para esses países. Mas embora o risco causado pela proibição pudesse ocasionar aos banqueiros algumas despesas extraordinárias, ele não faria necessariamente com que mais dinheiro fosse levado para o exterior. Em geral, essa despesa seria gasta no país, no contrabando do dinheiro para fora dele, e raramente poderia ocasionar a exportação de uma única moeda de seis pence além da quantia exata. O alto preço do câmbio também serviria para dispor os comerciantes a se empenhar para que suas exportações equivalessem aproximadamente às importações, a fim de que eles tivessem de pagar nesse alto câmbio a menor quantia possível. O alto preço do câmbio, além disso, deve ter necessariamente funcionado como um imposto, elevando o preço das mercadorias estrangeiras e, desse modo, diminuindo seu consumo. Portanto, tenderia não a aumentar, mas a diminuir o que chamavam de balança comercial desfavorável e, por conseguinte, a exportação de ouro e prata.

No entanto, tais como eram, esses argumentos convenceram as pessoas às quais eram dirigidos. Eles foram apresentados por comerciantes a parlamentares e aos conselhos de príncipes, aos nobres e à fidalguia rural, por aqueles que supostamente entendiam de comércio para aqueles que tinham a consciência de que não sabiam nada sobre o assunto. Que o comércio exterior enriquecia o país, a experiência já demonstrara aos nobres e à fidalguia rural, assim como aos comerciantes; porém como, ou de que maneira, nenhum deles sabia bem. Os comerciantes sabiam perfeitamente de que maneira enriquecia a eles mesmos. Era parte de seu negócio sabê-lo. Mas saber de que maneira enriquecia o país não era parte de seu negócio. Esse aspecto nunca fora considerado por eles a não ser quando tinham de solicitar a seu país alguma mudança nas leis que tratavam do comércio exterior. Tornou-se então necessário dizer algo sobre os efeitos benéficos do comércio exterior e sobre como esses efeitos eram obstruídos pelas leis então vigentes. Para os juízes que tinham de decidir a respeito da questão, parecia mais do que satisfatória a razão quando lhes diziam que o comércio exterior trazia dinheiro para o país, mas que as leis em questão impediam de trazer tanto quanto seria possível se a situação fosse outra. Assim, os argumentos produziram o efeito almejado. A proibição de exportar ouro e prata foi limitada, na França e na Inglaterra, às respectivas moedas. A exportação de moeda estrangeira e dos metais em barras foi liberada. Na Holanda e em alguns outros lugares, essa liberação estendeu-se até mesmo à moeda do país. A atenção do governo desviou-se do cuidado de impedir a exportação de ouro e prata para o de zelar pela balança comercial como o único fator que poderia propiciar todo aumento ou toda diminuição na quantidade desses metais. De um cuidado que era inútil voltou-se para outro muito mais complicado e muito mais embaraçoso, mas do mesmo modo inútil. O título do livro de Mun, *England's Treasure by Foreign Trade*, tornou-se uma máxima fundamental na economia política, não só na Inglaterra como em todos os outros países mercantis. O comércio interno, ou doméstico, o mais importante de todos, aquele no qual o mesmo capital obtém a maior renda e cria o maior número de empregos para o povo do país, foi considerado subsidiário apenas em relação ao comércio exterior. Ele nem trazia dinheiro para dentro do país, assim se afirmava, nem levava dinheiro para fora dele. O país, portanto, nunca poderia se tornar mais rico ou mais pobre por meio dele, exceto na medida em que sua prosperidade ou decadência pudesse influenciar indiretamente o estado de seu comércio exterior.

Um país que não tem suas próprias minas precisa, sem dúvida alguma, obter seu ouro e sua prata de países estrangeiros, da mesma maneira que tem de obter seus vinhos alguém que não tenha seus próprios vinhedos. No entanto, não parece ser necessário que a atenção de um governo se volte mais para um do que para outro desses objetivos. Um país que tem recursos para comprar vinho sempre obterá vinho quando sentir necessidade disso; e um país que tem recursos para comprar ouro e prata nunca ficará em falta desses metais. Eles serão comprados por certo preço, como todos os outros artigos, e assim como constituem o preço de todos os outros artigos, todos os outros artigos constituem o preço a ser pago por esses metais. Nós confiamos com total segurança que a liberdade de comércio, sem qualquer atenção por parte do governo, sempre nos suprirá de vinho quando for de nosso ensejo; e podemos confiar com a mesma segurança que ela sempre vai nos suprir de todo ouro e prata que possamos adquirir ou empregar, seja na circulação de nossos artigos, seja em outros usos.

A quantidade de cada artigo que a indústria* humana pode adquirir ou produzir regula-se naturalmente em cada país pela demanda efetiva, ou de acordo com a demanda daqueles que estão dispostos a pagar por toda renda [de terras], trabalho e lucro que devem ser pagos para prepará-lo e levá-lo ao mercado. Mas nenhuma mercadoria se regula mais facilmente ou mais exatamente de acordo com sua demanda efetiva do que o ouro e a prata; porque, devido ao pequeno volume e grande valor desses metais, nenhuma mercadoria pode ser transportada com mais facilidade de um lugar a outro, dos lugares em que são baratos para aqueles nos quais são caros, dos

---

* "Indústria", aqui e muitas vezes neste livro, está no sentido de "capacidade de produzir", "trabalho", "atividade", "industriosidade" etc. (N.T.)

lugares onde excedem para aqueles onde são insuficientes para sua demanda efetiva. Se houvesse na Inglaterra, por exemplo, uma demanda efetiva por uma quantidade adicional de ouro, um navio poderia trazê-la de Lisboa ou de qualquer outro lugar onde houvesse cinquenta toneladas de ouro, do qual poderiam ser cunhados mais de 5 milhões de guinéus. Mas se houvesse uma demanda efetiva de grãos pelo mesmo valor, importá-los iria requerer, à razão de cinco guinéus a tonelada, o transporte marítimo de 1 milhão de toneladas, ou seja, mil navios com capacidade de mil toneladas cada um. A Marinha da Inglaterra não seria suficiente.

Quando a quantidade de ouro e prata importada para qualquer país exceder a demanda efetiva, nenhuma vigilância por parte do governo poderá impedir sua exportação. Todas as ferozes leis da Espanha e de Portugal não são capazes de impedir a saída de seu ouro e sua prata. As contínuas importações do Peru e do Brasil excedem a demanda efetiva daqueles países, e fazem baixar o preço desses metais, tornando-o mais baixo do que o preço nos países vizinhos. Se, ao contrário, em determinado país sua quantidade for insuficiente para a demanda efetiva, a ponto de elevar seu preço em relação ao dos países vizinhos, o governo não teria por que se esforçar muito para importá-los. E mesmo que quisesse empenhar-se em evitar sua importação, não seria capaz de consegui-lo. Esses metais, quando os espartanos tiveram recursos para adquiri-los, romperam todas as barreiras que as leis de Licurgo impunham à sua entrada na Lacedemônia. Todas as ferozes leis aduaneiras não são capazes de impedir a importação de chás das companhias das Índias Orientais da Holanda e de Gotemburgo, porque são um pouco mais baratos do que os da companhia britânica. No entanto, uma libra de chá tem, no seu mais alto preço, um volume cem vezes maior do que a prata que se compra com esse preço, comumente dezesseis xelins, e mais de 2 mil vezes o volume do mesmo preço em ouro, sendo consequentemente tantas vezes mais difícil de ser contrabandeada.

Deve-se em parte à facilidade de transporte do ouro e da prata — de lugares onde abundam àqueles em que são demandados — que o preço desses metais não flutue continuamente como o da maior parte de outras mercadorias, cujo volume constitui um empecilho para transportá-los de um lugar a outro quando acontece de o mercado estar sobre ou subabastecido deles. O preço desses metais, na verdade, não é de todo isento de variações, mas as mudanças a que estão sujeitos são geralmente pequenas, graduais e uniformes. Na Europa, por exemplo, supõe-se, sem muito fundamento, que talvez tenha havido, no curso do presente século e do século passado,* uma constante mas gradativa queda em seu valor, por conta de importações contínuas das Índias Ocidentais espanholas. Mas para que haja uma mudança súbita no preço do ouro e da prata a ponto de elevar ou baixar de forma imediata, sensível e notável o preço em dinheiro de todas as outras mercadorias, é necessária uma revolução no comércio comparável à ocasionada pela descoberta da América.

Se, não obstante tudo isso, o ouro e a prata em algum momento forem insuficientes num país que tenha recursos para adquiri-los, há mais expedientes para substituí-los do que para substituir qualquer outra mercadoria. Se houver demanda não satisfeita de materiais para a manufatura, a indústria terá de parar. Se houver demanda não satisfeita de provisões, o povo terá de passar fome. Mas se houver falta de dinheiro, a prática da permuta o substituirá, embora com boa dose de inconvenientes. Comprar e vender a crédito, com os diferen-

---

* "Presente século" é século xviii, e "século passado" é o século xvii. O texto de Adam Smith é de 1776. (n.t.)

tes negociantes compensando seus créditos com outros, uma vez por mês ou uma vez por ano, preencherá esse papel com menos inconveniência. Um papel-moeda bem calibrado cumprirá essa função, e não só sem nenhum contratempo, mas, em determinadas vezes, com algumas vantagens. Em qualquer dos casos, portanto, a atenção do governo nunca é tão desnecessariamente aplicada como quando dirigida a zelar pela preservação ou o aumento da quantidade de dinheiro em qualquer país.

No entanto, nenhuma queixa é mais comum do que a da escassez de dinheiro. O dinheiro, como o vinho, será sempre escasso para aqueles que não têm nem recursos para comprar nem crédito para tomar emprestado. Aqueles que dispuserem de qualquer um deles normalmente terão sua demanda atendida quando precisarem do dinheiro ou do vinho. Essa queixa quanto à escassez de dinheiro, porém, nem sempre se limita aos esbanjadores imprevidentes. Às vezes ela é generalizada em toda uma cidade mercantil e na área rural em sua vizinhança. A causa mais comum é uma atividade comercial excessiva. Homens comedidos, cujos projetos tenham sido desproporcionais a seus capitais, são tão capazes de ficar sem recursos para adquirir dinheiro ou sem crédito para tomá-lo emprestado quanto perdulários cujas despesas tenham sido desproporcionais a suas receitas. Antes que seus projetos possam dar frutos, seu estoque já se foi, juntamente com seu crédito. Eles correm por toda parte para pedir dinheiro emprestado, e todos lhes dizem que não têm nenhum para emprestar. Mesmo essa reclamação geral de escassez de dinheiro nem sempre é prova de que não está circulando no país o número usual de moedas de ouro e de prata, mas sim de que muita gente quer essas moedas sem ter nada a oferecer por elas. Quando ocorre de os lucros do comércio serem maiores do que o normal, a negociação sem recursos suficientes torna-se um erro generalizado tanto dos grandes quanto dos pequenos negociantes. Nem sempre eles enviam mais dinheiro para o exterior do que o habitual, mas compram a crédito, tanto no país quanto no exterior, uma quantidade não usual de mercadorias, que enviam a algum mercado distante na esperança de que os resultados cheguem a eles antes da exigência de pagamento. A exigência chega antes do resultado, e eles não dispõem de nada à mão com que possam ou adquirir dinheiro ou dar uma garantia sólida por um empréstimo. Não é nenhuma escassez de ouro e prata, mas a dificuldade que essas pessoas enfrentam para tomar emprestado, e com que seus credores deparam para receber o pagamento, que ocasiona essa queixa geral de escassez de dinheiro.

Seria demasiado ridículo dedicar-se a provar seriamente que a riqueza não consiste em dinheiro, ou em ouro e prata, mas naquilo que o dinheiro adquire, e que este só tem valor como meio de adquirir. O dinheiro é, sem dúvida, uma parte do capital nacional; mas já se demonstrou que geralmente ele é só uma pequena parte disso, e sempre a parte menos lucrativa.

Não é porque a riqueza consiste mais essencialmente em dinheiro do que em mercadorias que o comerciante em geral ache mais fácil comprar mercadorias com dinheiro do que comprar dinheiro com mercadorias; mas porque o dinheiro é o instrumento conhecido e estabelecido de comércio, pelo qual qualquer coisa é facilmente dada em troca, mas que nem sempre se obtém com a mesma disponibilidade dando em troca qualquer coisa. Além disso, a maior parte das mercadorias é mais perecível do que dinheiro, e ele poderá ter uma perda muito maior ao estocá-las. E também, quando ele dispõe de mercadorias, estará mais sujeito a demandas de dinheiro às quais não conseguirá responder do que se tiver o valor dessas mercadorias depositado nos cofres. Acima e além de tudo isso, seu lucro advém mais diretamente da venda do que da compra, e por todas essas razões ele está muito mais ansioso por trocar suas mercadorias por dinheiro do que seu dinheiro por mercadorias. Mas embora determinado comerciante com mercadorias em abundância em seu armazém possa às vezes ir à ruína por não conseguir vendê-las a tempo, uma nação ou um país não é suscetível de tal infortúnio. Todo o capital de um comerciante consiste frequentemente em mercadorias perecíveis destinadas a adquirir dinheiro. Mas não é mais do que uma parte muito pequena da produção anual do solo e do trabalho de um país que sempre poderá ser destinada a adquirir ouro e prata de seus vizinhos. Uma parte muitíssimo maior circula e é consumida entre eles próprios; e mesmo do excedente que é enviado para o exterior, a maior parte é geralmente destinada à aquisição de outras mercadorias no estrangeiro. Assim, embora o ouro e a prata não tenham podido ser trocados pelas mercadorias destinadas a adquiri-los, a nação não ficará arruinada. Ela poderá, é verdade, sofrer alguma perda e enfrentar contratempos, e ser forçada a um desses expedientes que são necessários para substituir o dinheiro. O produto anual desse solo e desse trabalho, no entanto, será o mesmo, ou quase o mesmo, como usualmente acontece, porque o mesmo (ou quase o mesmo) capital consumível será empregado para mantê-lo. E embora mercadorias nem sempre obtenham dinheiro tão prontamente quanto o dinheiro obtém mercadorias, a longo prazo elas o obtêm mais necessariamente do que ele a elas. Mercadorias podem servir a outros propósitos além de adquirir dinheiro, mas o dinheiro não serve a outro propósito que não o de adquirir mercadorias. Portanto, o dinheiro necessariamente vai atrás de mercadorias, mas as mercadorias nem sempre ou não necessariamente vão atrás de dinheiro. O homem que compra nem sempre está pensando em revender, mas, com frequência, em usar e consumir, enquanto quem vende sempre pensa em comprar de novo. O primeiro pode frequentemente ter realizado o negócio completo, mas o outro nunca terá feito mais do que a metade de seu negócio. Não é em próprio benefício que os homens querem dinheiro, mas por aquilo que podem adquirir com ele.

Artigos de consumo, sabe-se, logo estão deteriorados, enquanto o ouro e a prata são por natureza mais duráveis, e, se não fosse por sua continuada exportação, poderiam se acumular durante eras inteiras, levando a um incrível aumento da riqueza real de um país. Ao que parece, portanto, nada pode ser mais desvantajoso para qualquer país do que um comércio que consista na troca de artigos tão duradouros por outros tão perecíveis. No entanto, não consideramos desvantajoso o comércio que consiste na troca de utensílios domésticos da Inglaterra por vinhos da França; apesar de tais utensílios constituírem artigos bastante duráveis, e se não fosse por sua continuada exportação, poderiam também se acumular durante eras inteiras, levando a um incrível aumento de panelas e frigideiras do país. Mas o que logo ocorre é que o número desses utensílios em cada país é necessariamente limitado pelo uso a que se destinam; que seria um absurdo ter mais panelas e frigideiras do que o necessário para cozinhar os alimentos que normalmente lá se consomem; e que se a quantidade de alimentos aumentasse, o número de panelas e frigideiras prontamente aumentaria de acordo com isso, com uma parte da quantidade aumentada de alimentos sendo usada para adquirir esses utensílios, ou mantendo um número adicional de trabalhadores cujo negócio é fazê-los. Assim, com a mesma presteza deve ocorrer que a quantidade de ouro e prata em cada país seja limitada pelo uso que se pode dar a esses metais; que seu uso consista em fazer circular mercadorias, como uma moeda; e em guarnecer mobiliários domésticos, como prataria; que a quantidade de moeda em cada país seja regulada pelo valor das mercadorias que circularão por seu intermédio; aumente esse valor e imediatamente uma parte desses metais será enviada ao exterior para adquirir, onde quer que se possa adquiri-la, a quantidade adicional de moeda requisitada para fazê-los circular. Que a quantidade de prataria seja regulada pelo número e pela riqueza das famílias privadas que optam por se permitir a esse tipo de luxo: aumente o número e a riqueza dessas famílias, e uma parte dessa riqueza adicional será muito provavelmente empregada em adquirir, onde quer que se encontre, uma quantidade adicional dessa prataria; que tentar aumentar a riqueza de qualquer país, seja nele introduzindo ou nele retendo uma quantidade desnecessária de ouro e prata, é tão absurdo quanto seria tentar aumentar o bom ânimo de famílias privadas obrigando-as a manter um número desnecessário de utensílios de cozinha. Assim como a despesa para a aquisição desses utensílios desnecessários iria reduzir em vez de aumentar a quantidade ou a qualidade das provisões da família, do mesmo modo, e tão necessariamente, a despesa para adquirir uma quantidade desnecessária de ouro e prata deverá, em cada país, reduzir a riqueza que alimenta, veste e dá moradia, que mantém o povo e lhe dá emprego. Deve-se lembrar que ouro e prata, seja na forma de moeda ou de prataria, são utensílios, tanto quanto são os de cozinha. Ao incrementar seu uso, ao aumentar a quantidade de artigos de consumo postos em circulação ou preparados por meio deles, infalivelmente sua quantidade aumentará; mas se se tentar, por medidas extraordinárias, aumentar sua quantidade, infalivelmente diminuirá seu uso e até mesmo sua quantidade, que para esses metais nunca poderá ser maior do que seu uso requer. Eles estariam sempre acumulados para além dessa quantidade, seu transporte sendo tão fácil, e a perda que acarretaria por ficarem ociosos e sem uso seria tão grande que nenhuma lei poderia evitar que fossem imediatamente enviados para fora do país.

Nem sempre é necessário acumular ouro e prata para permitir a um país que conduza guerras no estrangeiro e mantenha armadas e exércitos em países distantes. Armadas e exércitos são mantidos não com ouro e prata, mas com bens de consumo. A nação que, do produto anual de sua indústria doméstica, da receita anual que provém de suas terras, sua mão de obra e seu capital consumível, tem recursos para adquirir esses bens de consumo em países distantes, tem condição de lá sustentar guerras.

Uma nação pode adquirir meios de pagamento e provisões para um exército num país distante de três maneiras diferentes: ou, em primeiro lugar, enviando para o exterior alguma parte de seu ouro e prata acumulados; ou, em segundo lugar, alguma parte do produto anual de suas manufaturas; ou, em último lugar, alguma parte de seu produto em estado bruto.

Em qualquer país, o ouro e a prata que podem ser devidamente considerados como acumulados ou estocados apresentam-se em três formas distintas: primeiro, o dinheiro em circulação; segundo, as pratarias de famílias privadas; por último, o dinheiro que pode ter sido coletado durante muitos anos de parcimônia e depositado no Tesouro do príncipe.

Pode acontecer que muito seja economizado do dinheiro em circulação no país, mas isso é raro, porque dificilmente poderá haver dele muito excesso. O valor das mercadorias compradas e vendidas anualmente em qualquer país requer que certa quantidade de dinheiro circule e se distribua entre seus respectivos consumidores, e não pode propiciar mais emprego do que isso. O canal de circulação necessariamente tirará para si uma soma suficiente para alimentá-lo, e nunca admitirá mais do que isso. No entanto, algo é retirado desse canal no caso de uma guerra no estrangeiro. Devido ao grande número de pessoas que são mantidas no exterior, menos são mantidas no país. Menos mercadorias circulam aí e menos dinheiro se torna necessário para fazê-las circular. Uma quantidade extraordinária de papel-moeda, de um tipo ou de outro, tais como títulos do Tesouro, da Marinha e bancários, é geralmente emitida na Inglaterra em tais ocasiões, e, suprindo o lugar do ouro e da prata em circulação, dá oportunidade a que se envie maior quantidade deles para o exterior. Tudo isso, entretanto, não provê mais do que parcos recursos para manter uma guerra no estrangeiro com muitas despesas e vários anos de duração.

O derretimento de pratarias de famílias privadas mostrou-se, em cada ocasião em que ocorreu, recurso ainda mais insignificante. Os franceses, no início da última guerra, não obtiveram desse expediente vantagens suficientes para compensar a perda desse estilo de vida luxuoso.

Os tesouros acumulados do príncipe, em tempos passados, propiciavam recursos muito maiores e mais duradouros. Nos tempos atuais, com exceção do rei da Prússia, acumular tesouros não parece ser parte da política dos príncipes europeus.

Os fundos que mantiveram as guerras no estrangeiro no século atual, talvez as mais dispendiosas que a história registra, parecem pouco depender da exportação, seja de dinheiro circulante, do proveniente de pratarias de famílias privadas ou do tesouro do príncipe. A última guerra com a França custou à Grã-Bretanha mais de 90 milhões, incluindo não só os 75 milhões de uma nova dívida contraída, mas também os dois xelins adicionais em cada libra de imposto territorial, que foi emprestado anualmente do fundo de amortização. Mais de dois terços dessas despesas ocorreram em países distantes: Alemanha, Portugal, América, nos portos do Mediterrâneo, nas Índias Ocidentais e Orientais. Os reis da Inglaterra não tinham tesouros acumulados. Nunca soubemos de uma quantidade extraordinária de pratarias que tenha sido derretida. O ouro e a prata em circulação do país, supõe-se, não excediam os 18 milhões. Desde a última recunhagem de ouro, no entanto, acredita-se que boa parte tenha sido subestimada. Suponhamos, portanto, de acordo com um cômputo dos mais exagerados de que me lembro ter alguma vez visto ou ouvido falar, que o ouro e a prata, juntos, montem a 30 milhões. Se a guerra tivesse sido empreendida por meio de nosso dinheiro, a maior parte dele, mesmo de acordo com esse cômputo, teria sido enviada e retornada pelo menos duas vezes num período entre dois e sete anos. Se tal for a suposição, ela consistirá no mais decisivo argumento para demonstrar o quanto é desnecessário que o governo cuide da preservação do dinheiro, já que, com base nessa suposição, todo o dinheiro do país dever ter saído dele e a ele retornado em duas ocasiões diferentes num período tão curto, sem que ninguém saiba qualquer coisa a respeito disso. O canal de circulação, todavia, nunca pareceu estar mais vazio do que o usual durante qualquer parte desse período. Poucas pessoas tiveram escassez de dinheiro, se tinham recursos para pagar por ele. Os lucros do comércio exterior, de fato, foram maiores do que o habitual durante toda a guerra, mas especialmente quando ela chegava ao fim. Isso ocasionou, como sempre ocasiona, um comércio excessivo e sem fundos suficientes [*overtrading*] em todas as partes da Grã-Bretanha; e isso por sua vez ocasionou a reclamação usual por escassez de dinheiro, que sempre se segue à atividade comercial excessiva. Muita gente queria dinheiro sem ter recursos para adquiri-lo nem crédito para tomá-lo por empréstimo; e como os devedores tiveram dificuldades para tomá-lo emprestado, os credores encontraram dificuldades para obter pagamento. Ouro e prata, no entanto, podiam ser geralmente obtidos por seu próprio valor, por aqueles que dispunham desse valor para dar por eles.

O enorme dispêndio com a última guerra, portanto, deve ter sido custeado não pela exportação de ouro e prata, mas pela de mercadorias britânicas de um tipo ou de outro. Quando o governo, ou aqueles que atuavam sob suas ordens, contratava junto a um comerciante uma remessa para algum país estrangeiro, ele naturalmente se empenhava em pagar a seu correspondente estrangeiro, para quem havia emitido um título, enviando ao exterior mais mercadorias do que ouro e prata. Se as mercadorias da Grã-Bretanha não tinham demanda naquele país, ele tentaria enviá-las a algum outro país, com o que poderia obter um título contra esse país. O transporte das mercadorias, quando estas são convenientemente adequadas para o mercado, é sempre acompanhado de um lucro considerável; enquanto o de ouro e prata quase nunca se acompanha de qualquer lucro. Quando esses metais são enviados ao exterior para a aquisição de mercadorias estrangeiras, o lucro do comerciante aumenta, não da sua aquisição, mas da sua venda depois que os recebe. Porém, quando são enviados ao exterior apenas para pagar uma dívida, ele não obtém retorno e, consequentemente, nenhum lucro. O comerciante, então, aplica sua inventividade para encontrar um modo de pagar suas dívidas no exterior mais com a exportação de mercadorias do que com a de ouro e prata. É de acordo com isso que o autor de *O estado atual da nação** comenta a grande quantidade de mercadorias britânicas exportadas no decurso da última guerra, sem trazer nada em retorno.

Além dos três tipos de ouro e prata acima mencionados, existe em grandes países comerciais uma enorme quantidade desses metais em lingotes sendo alternadamente importada e exportada para fins de comércio exterior. Esses metais em lingotes, ao circular entre os diferentes países comerciais da mesma maneira que as moedas circulam em cada país específico, podem ser considerados como o dinheiro da grande república mer-

---

* Edmund Burke (1729-97). (N.T.)

cantil. A moeda nacional tem sua movimentação e seu direcionamento determinados pelas mercadorias que circulam dentro do âmbito de cada país em particular; o dinheiro da república mercantil, por aquelas que circulam entre os diferentes países. Parte desse dinheiro da grande república mercantil pode ter sido, e provavelmente foi, empregada no custeio da última guerra. Em tempo de guerra generalizada, é natural supor que esse dinheiro receba um movimento e uma direção, diferente do que usualmente acontece em tempos de paz profunda; que ele circule mais nas proximidades do lugar da guerra, e seja mais empregado para adquirir lá, e nos países vizinhos, o pagamento e as provisões para os diferentes exércitos. Mas qualquer que tenha sido a parte desse dinheiro da república mercantil que a Grã-Bretanha possa ter empregado anualmente dessa maneira, ele deve ter sido adquirido a cada ano por meio de mercadorias britânicas ou por qualquer outra coisa que tenha sido obtida por intermédio delas — o que ainda nos leva de volta às mercadorias, à produção anual da terra e ao trabalho do país como os últimos recursos que nos permitem conduzir a guerra. De fato, é natural supor que uma despesa anual tão alta deva ter sido custeada por uma grande produção anual. O dispêndio de 1761, por exemplo, importou em mais de 19 milhões. Nenhum montante acumulado poderia suportar tal profusão anual. Todo o ouro e toda a prata importados anualmente por Espanha e Portugal, de acordo com os melhores cálculos, em geral não excedem muito os 6 milhões de libras esterlinas, que, em alguns anos, mal pagariam as despesas de quatro meses da última guerra.

As mercadorias mais apropriadas para serem transportadas a países distantes, para adquirirem lá o pagamento das provisões de um exército ou alguma parte do dinheiro da república mercantil a ser empregado na aquisição dessas provisões, parecem ser as melhores e mais aperfeiçoadas manufaturas, que atingem um grande valor num volume pequeno, e podem, assim, ser exportadas a longas distâncias a baixo custo. Um país cuja indústria produz um grande excedente anual de tais manufaturas, que são geralmente exportadas para países estrangeiros, pode conduzir por muitos anos uma guerra muito dispendiosa no exterior sem precisar exportar vasta quantidade de ouro e prata, nem mesmo dispor de tal quantidade para exportar. Nesse caso, uma parte considerável do excedente anual de suas manufaturas deve realmente ser exportada sem trazer retorno para o país, embora o traga para o comerciante; assim, o governo adquire do comerciante seus títulos contra os países estrangeiros para lá adquirir o pagamento e as provisões para o exército. Alguma parte desses excedentes, no entanto, ainda pode continuar trazendo retorno. Os manufatores, durante a guerra, terão uma dupla demanda sobre eles, e serão chamados, primeiro, para incrementar as mercadorias a serem enviadas ao exterior para o pagamento dos títulos sacados contra países estrangeiros, a fim de pagar e provisionar o exército; e, depois, para incrementar o que for necessário para adquirir os bens de retorno comuns que usualmente têm sido consumidos no país. Em meio à mais destrutiva guerra no estrangeiro, portanto, a maior parte das manufaturas pode frequentemente ter um grande florescimento; e, ao contrário, pode declinar com a volta da paz. Podem florescer em meio à ruína de seu país, e começar a decair com a volta de sua prosperidade. As diferentes situações de muitos ramos distintos das manufaturas britânicas durante a última guerra, e por algum tempo depois da paz, podem servir como ilustração do que foi dito aqui agora.

Nenhuma guerra no exterior com grande dispêndio ou duração pode ser sustentada convenientemente pela exportação de produtos do solo em estado bruto. As despesas de seu envio a um país estrangeiro em quantidade tal que pudesse prover o pagamento e as provisões de um exército seriam grandes demais. Poucos países produzem muito mais produtos em estado bruto do que o suficiente para a subsistência de seus próprios habitantes. Enviar ao exterior qualquer grande quantidade desses produtos, portanto, seria enviar uma parte da necessária subsistência do povo. O que não acontece com a exportação de manufaturas. O correspondente à manutenção das pessoas empregadas em sua produção permanece no país, e só a parte excedente de seu trabalho é exportada. O sr. Hume menciona frequentemente a incapacidade dos antigos reis da Inglaterra para conduzir, sem interrupção, qualquer guerra de longa duração no exterior. Os ingleses, naquela época, não dispunham de nenhum recurso para adquirir o pagamento e as provisões de seus exércitos nos países estrangeiros, a não ser o produto em estado bruto do solo, do qual não se podia economizar uma parte considerável do consumo interno ou umas poucas manufaturas de tipo mais rudimentar, cujo transporte, assim como no caso do produto em estado bruto, era demasiadamente dispendioso. Essa incapacidade não surgiu da falta de dinheiro, mas da carência de manufaturas melhores e mais aperfeiçoadas. Na Inglaterra, comprar e vender eram transações feitas por meio do dinheiro, assim como agora. A quantidade de dinheiro circulante deveria sustentar, na mesma proporção de número e valor, as aquisições e vendas realizadas naquele momento, como ela faz com as que são feitas atualmente; ou, em vez disso, devem ter sustentado uma proporção maior, porque não havia então papel-moeda, que hoje preenche grande parte do que era o emprego de ouro e prata. Entre as nações que pouco conhecem de comércio e manufaturas, o soberano raramente pode, em ocasiões extraordinárias, obter qualquer ajuda considerável da parte de seus súditos, por razões que serão explicadas a seguir. É em países assim, portanto, que ele geralmente se empenha em acumular um tesouro, como o único recurso de que pode dispor em tais emergências. Independente de ser ou não necessário, ele está em tal situação naturalmente predisposto à parcimônia e à acumulação. Naquele Estado simples, mesmo a despesa de um soberano não é dirigida pela ostentação que se delicia no espalhafatoso refinamento de uma corte, mas é empregada na liberalidade para com seus inquilinos e na hospitalidade para com seus servidores. Liberalidade e hospitalidade raramente levam à extravagância; a ostentação, porém, quase sempre sim. Todo chefe tártaro, portanto, tem um tesouro. Dizia-se que os tesouros de Mazepa, chefe dos cossacos na Ucrânia, o famoso aliado de Carlos XII, eram muito grandes. Todos os reis franceses da linhagem dos merovíngios tinham tesouros. Quando dividiram o reino entre seus diversos filhos, dividiram também seu tesouro. Da mesma forma, os príncipes saxões e os primeiros reis depois da conquista parecem ter acumulado tesouros. O primeiro feito de cada novo reinado era se apossar do tesouro do rei precedente, como a medida mais essencial para assegurar a sucessão. Os soberanos de países desenvolvidos e comerciais não têm a mesma necessidade de acumular tesouros, porque podem em geral obter de seus súditos ajudas extraordinárias em ocasiões extraordinárias. Também estão menos dispostos a fazer isso. Eles naturalmente, talvez necessariamente, seguem a moda da época, e sua despesa vem a ser condicionada à mesma ostentação extravagante que condiciona aquela de todos os outros grandes proprietários em seus domínios. O insignificante fausto de sua corte se torna a cada dia mais brilhante, e os gastos que acarreta não só impedem a acumulação, mas com frequência dilapidam os fundos destinados a despesas mais necessárias. O que Dercilidas disse sobre a corte da Pérsia pode ser aplicado à de vários príncipes europeus: que ele viu lá muito esplendor, mas pouco poder, e muitos servos, mas poucos soldados.

A importação de ouro e prata não é o principal benefício, e muito menos o único, que uma nação aufere de seu comércio exterior. Quaisquer que sejam os lugares entre os quais se realiza o comércio exterior, todos eles auferem dele dois benefícios distintos. Ele leva para fora a parte excedente do produto da terra e do trabalho para lugares nos quais não há demanda entre eles, e traz em troca alguma outra coisa para a qual existe demanda. Ele dá valor a seus supérfluos ao trocá-los por outra coisa que possa satisfazer uma parte de suas carências, e aumenta a sua fruição. Por esse meio, a estreiteza do mercado doméstico não impede que a divisão do trabalho, em nenhum ramo específico de ofício ou manufatura, seja levada ao mais alto grau de perfeição. Ao abrir um mercado mais amplo para qualquer parte que seja do produto de seu trabalho que possa exceder o consumo doméstico, ele estimula a que se melhorem suas forças de produção e que se incremente seu produto anual ao máximo, aumentando assim a receita real e a riqueza da sociedade. O comércio exterior está continuamente desempenhando esses grandes e importantes serviços para todos os diferentes países nos quais ele é levado a efeito. Todos esses países auferem do comércio exterior um grande benefício, embora geralmente aufira mais aquele no qual o comerciante reside, pois ele se empenha mais em suprir as carências e enviar para fora os supérfluos de seu próprio país do que os dos outros países. Importar o ouro e a prata de que são carentes os países que não têm minas é, sem dúvida, parte do negócio de comércio exterior. É, no entanto, uma parte muito insignificante dele. Um país que conduza um comércio exterior apenas para esse fim raramente teria ocasião de fretar mais do que um navio em todo um século.

Não é por causa da importação de ouro e prata que a descoberta da América enriqueceu a Europa. Devido à abundância de minas na América, esses metais ficaram mais baratos. Um serviço de baixela pode agora ser adquirido por cerca de uma terça parte do milho, ou uma terça parte do trabalho que teria custado no século xv. Com a mesma despesa anual em trabalho e mercadorias, a Europa pode obter por ano cerca de três vezes a quantidade de baixelas que poderia comprar naquele tempo. Mas quando uma mercadoria é vendida por uma terça parte do que era seu preço usual, não só aqueles que já a adquiriram antes podem adquirir três vezes sua quantidade de então, como ela também baixa a um nível que a torna acessível a um número muito maior de compradores, talvez dez vezes maior, talvez vinte vezes maior do que o número anterior. Assim, pode haver atualmente na Europa não só três vezes, mas mais de vinte ou trinta vezes mais baixelas que haveria nela agora, mesmo no atual estágio de progresso, se a descoberta das minas da América nunca tivesse ocorrido. Até certo ponto, a Europa sem dúvida obteve uma real vantagem, embora trivial. A barateza do ouro e da prata torna esses metais, em certa medida, menos adequados a servir como dinheiro do que eram antes. Para fazer as mesmas aquisições, precisamos nos munir de maior quantidade deles, e carregar no bolso cerca de um xelim, quando antes um *groat** seria suficiente. Difícil dizer o que é mais trivial, se esta inconveniência ou a conveniência oposta. Nem uma nem outra poderiam fazer qualquer mudança essencial na situação da Europa. A descoberta da América, no entanto, certamente fez uma mudança das mais fundamentais. Ao abrir um novo e inexaurível mercado a todas as mercadorias da Europa, ela ocasionou novas divisões do trabalho e aperfeiçoamentos nos ofícios, os quais, no âmbito estreito do

---

* Quatro pence. (N.T.)

comércio antigo, nunca poderiam ter ocorrido pela falta de um mercado que absorvesse dele a maior parte de seu produto. As forças produtivas do trabalho foram aperfeiçoadas, e sua produção aumentou em todos os diversos países da Europa, e junto com ela a receita efetiva e a riqueza de seus habitantes. As mercadorias da Europa eram quase todas novidade na América, e muitas das da América eram novidade na Europa. Assim, começou a haver um novo esquema de trocas que nunca tinha sido imaginado e que se provaria naturalmente tão vantajoso para o Novo Continente quanto com certeza o era para o Velho Continente. A injustiça brutal dos europeus tornou esse fato, que deveria ter sido benéfico para todos, em algo ruinoso e destrutivo para vários desses infelizes países.

A descoberta de um caminho para as Índias Orientais pelo cabo da Boa Esperança, que aconteceu mais ou menos na mesma época, abriu um campo para o comércio exterior talvez ainda mais extenso do que o da América, apesar da maior distância. Não havia senão duas nações na América em estágio superior ao de selvagens, em qualquer aspecto, e elas foram destruídas quase assim que descobertas. As restantes eram simplesmente selvagens. Mas os impérios da China, do Industão, do Japão, assim como vários outros nas Índias Orientais, sem dispor de minas mais ricas em ouro e prata, eram, sob qualquer outro aspecto, muito mais ricas, mais bem cultivadas e mais avançadas em todos os ofícios e manufaturas do que o México ou o Peru, mesmo se dermos crédito, quando claramente não merecem, aos relatos de escritores espanhóis a respeito da antiguidade desses impérios. Mas nações ricas e civilizadas sempre podem fazer trocas entre si em valores maiores do que com selvagens e bárbaros. A Europa, no entanto, obteve até agora muito menos vantagem de seu comércio com as Índias Orientais do que do comércio com a América. Os portugueses monopolizaram para si o comércio com as Índias Orientais durante cerca de um século, e foi só indiretamente e por intermédio deles que outras nações da Europa puderam enviar para aqueles países, ou deles receber, quaisquer mercadorias. Quando os holandeses, no começo do último século, começaram a usurpar esse comércio dos portugueses, estes concentraram todo o seu negócio com as Índias Orientais numa única companhia. Os ingleses, franceses, suecos e dinamarqueses seguiram todos seu exemplo, de modo que nenhuma grande nação da Europa chegou a ter o benefício de um comércio livre com as Índias Orientais. Não é preciso apontar nenhum outro motivo que explique por que esse comércio nunca foi tão vantajoso quanto o comércio com a América, o qual, entre quase todas as nações da Europa e suas próprias colônias, é livre para todos os itens. Os privilégios exclusivos dessas companhias das Índias Orientais, suas vastas riquezas, o grande favorecimento e proteção que elas extorquem de seus respectivos governos, suscitaram muita inveja delas. Essa inveja, com frequência, tem apresentado esse comércio como totalmente pernicioso, por conta das grandes quantidades de prata que ele exporta a cada ano dos países de onde é conduzido. As partes às quais isso concerne responderam que seu comércio, com sua continuada exportação de prata, pode realmente ter empobrecido a Europa em termos gerais, mas não o país em particular de onde tal comércio estava sendo conduzido, porque, com a exportação de parte do que vinha em troca para outros países europeus, ele trazia anualmente para casa uma quantidade muito maior daquele metal do que tinha levado para fora dele. Porém a objeção e sua resposta se baseiam exatamente na noção popular que eu estava agora examinando. Não é necessário, portanto, dizer mais nada sobre qualquer das duas. Com a exportação anual de prata para as Índias Orientais, as baixelas provavelmente estão mais caras na Europa do que, de outro modo, poderiam ser; e a prata cunhada em moedas provavelmente adquire maior quantidade tanto de trabalho quanto de mercadorias. O primeiro desses efeitos representa uma perda muito pequena, e o segundo, uma vantagem muito pequena; ambos são insignificantes demais para merecer qualquer fração de atenção pública. O comércio para as Índias Orientais, ao abrir um mercado para os produtos da Europa, ou, o que vem a ser quase a mesma coisa, para o ouro e a prata que são adquiridos com esses produtos, necessariamente tenderá a aumentar a produção de artigos europeus e, consequentemente, a riqueza efetiva e a renda da Europa. O fato de até agora ele os ter aumentado tão pouco se deve provavelmente às restrições com as quais opera em toda parte.

Creio que seja necessário, embora com o risco de ser tedioso, examinar extensivamente essa noção popular de que a riqueza consiste em dinheiro, ou em ouro e prata. Dinheiro, na linguagem comum, como já observei, com frequência significa riqueza, e essa ambiguidade de expressão tornou essa noção popular tão familiar para nós que até mesmo os que estão convencidos de sua condição de absurdo estão muito dispostos a esquecer seus próprios princípios e, no curso de seu raciocínio, tomá-la como certa, garantida e inegável verdade. Alguns dos melhores autores ingleses que escrevem sobre comércio começam observando que a riqueza de um país consiste não somente em ouro e prata, mas em terras, casas e bens de consumo de todos os diferentes tipos. Todavia, no decorrer de suas argumentações, as terras, as casas e os bens de consumo parecem escapar da memória deles, e a força de seus argumentos muitas vezes se baseia na suposição de que a riqueza consiste em ouro e prata, e de que multiplicar esses metais é o grande objetivo da indústria e do comércio nacionais.

No entanto, estabelecidos esses dois princípios, o de que a riqueza consiste em ouro e prata e o de que esses metais podem ser trazidos para um país que não tenha minas somente por meio da balança comercial, ou seja, pela exportação de um valor maior do que o da importação, tornou-se necessariamente o grande objetivo da economia política diminuir o máximo possível a importação de mercadorias estrangeiras para consumo interno e aumentar o máximo possível a exportação do produto da indústria nacional. Esses dois grandes mecanismos de enriquecimento do país, portanto, são as restrições à importação e o incentivo à exportação.

As restrições à importação eram de dois tipos.

Primeiro, restrições à importação de mercadorias estrangeiras para consumo interno que pudessem ser produzidas no país, fosse qual fosse o país do qual eram importadas.

Segundo, restrições à importação de mercadorias de quase todos os tipos daqueles países específicos em relação aos quais a balança comercial era tida como desvantajosa.

Essas diferentes restrições consistiam ora em altas taxas aduaneiras, ora em proibição absoluta.

A exportação era estimulada às vezes pela restituição de tributos, às vezes por subsídios, às vezes por contratos comerciais vantajosos com Estados estrangeiros, às vezes pelo estabelecimento de colônias em países distantes.

A restituição de tributos era feita em duas circunstâncias diferentes. Quando os manufatores do país estavam sujeitos a qualquer taxa ou imposto, ou a totalidade ou parte disso era descontada na exportação; e quando mercadorias estrangeiras sujeitas à tributação eram importadas para serem novamente exportadas, ou a totalidade ou parte desse tributo era às vezes restituída quando da exportação.

Subsídios eram concedidos como incentivo para manufatores iniciantes ou para indústrias de outros tipos que, supunha-se, deveriam merecer benefícios especiais.

Por meio de contratos comerciais vantajosos, privilégios específicos eram obtidos em algum Estado estrangeiro para as mercadorias e os comerciantes do país, além daqueles concedidos aos de outros países.

Com o estabelecimento de colônias em países distantes, frequentemente se conseguiam não somente privilégios específicos, mas um monopólio das mercadorias e dos comerciantes do país que as estabelecia.

Os dois tipos de restrições à importação acima mencionados, juntamente com essas quatro medidas de estímulo à exportação, constituem os seis meios principais pelos quais o sistema comercial se propõe a aumentar a quantidade de ouro e prata em qualquer país, invertendo a balança comercial a seu favor. Vou abordar cada um deles num capítulo específico e, sem avançar muito mais em considerações sobre sua suposta tendência de trazer dinheiro para o país, vou examinar principalmente o que parecem ser os efeitos de cada um deles na produção anual de sua indústria. Conforme eles tendam a aumentar ou a reduzir o valor dessa produção anual, deverão, evidentemente, tender ou a incrementar ou a diminuir a riqueza real e a renda do país.

4
Restrições à importação de mercadorias

Ao se restringir, seja por meio de altos impostos, seja por proibição absoluta, a importação do estrangeiro de mercadorias que possam ser produzidas no próprio país, o monopólio fica mais ou menos assegurado em casa para a indústria nacional empregada em produzi-las. Assim, a proibição de importar gado vivo ou provisões de carne conservada em sal de países estrangeiros garante aos criadores da Grã-Bretanha o monopólio do mercado caseiro para o fornecimento de carne aos açougues. Os altos impostos sobre a importação de cereais, que em tempos de abundância moderada correspondem a uma proibição, propiciam igual vantagem aos cultivadores desses produtos. A proibição da importação de artigos de lã estrangeiros é igualmente favorável aos manufatores de lã. A manufatura da seda, mesmo que utilize matérias-primas totalmente estrangeiras, ultimamente tem obtido as mesmas vantagens. A manufatura do linho ainda não as obteve, mas avança a passos largos nesse sentido. Da mesma maneira, muitos outros tipos de manufatores têm obtido na Grã-Bretanha, ou totalmente ou muito próximo disso, um monopólio contra seus conterrâneos. A variedade de mercadorias cuja importação para a Grã-Bretanha é proibida, ou de todo ou em determinadas circunstâncias, excede muito o que poderiam facilmente supor aqueles que não estão bem familiarizados com as leis aduaneiras.

Não pode haver dúvida de que esse monopólio do mercado interno frequentemente dá um grande estímulo ao tipo específico de indústria que dele se aproveita, e muitas vezes direciona para esse emprego uma parcela maior, tanto de trabalho quanto de capital da sociedade, do que direcionaria se não fosse por isso. Mas se isso tende a incrementar a industriosidade geral da sociedade ou a lhe dar uma orientação mais vantajosa, não é de todo evidente.

A industriosidade geral da sociedade nunca pode exceder o que o capital da sociedade pode empregar. Assim como o número de trabalhadores que uma pessoa particular pode manter no emprego deve estar em certa proporção com o capital dessa pessoa, também o número daqueles que se pode manter continuamente empregados por todos os membros de uma grande sociedade deve estar em certa proporção com todo o capital dessa sociedade, e nunca pode exceder essa proporção. Nenhuma regulamentação do comércio pode aumentar quantitativamente a industriosidade de qualquer sociedade além do que seu capital pode manter. Só pode desviar uma parte a uma direção para a qual, de outra maneira, ela não teria se dirigido; e de forma alguma é certo que essa direção artificial possa ser mais vantajosa para a sociedade do que aquela para a qual ela se direcionaria de acordo com sua tendência natural.

Todo indivíduo sempre se esforça para encontrar o emprego mais vantajoso possível para o capital de que ele dispõe. De fato, é a sua própria vantagem, e não a da sociedade, que ele tem em vista. Mas o estudo de sua própria vantagem o leva naturalmente, ou mesmo necessariamente, a preferir aquele emprego que é o mais vantajoso para a sociedade.

Em primeiro lugar, cada indivíduo se empenha em empregar seu capital o mais próximo possível de sua residência e, consequentemente, tanto quanto possível, no suporte da indústria de seu país, desde que sempre possa com isso obter o lucro normal, ou não muito menor do que os lucros normais do capital.

Assim, por lucros iguais ou aproximadamente iguais, todo comerciante de atacado prefere sem dúvida o comércio interno ao comércio exterior de consumo, e o comércio exterior de consumo ao de transportes.* No comércio interno, seu capital nunca está longe de seu controle, como acontece frequentemente no comércio exterior de bens de consumo. Ele pode conhecer melhor o caráter e a situação das pessoas nas quais confia, e se acontecer de ser enganado, conhece melhor as leis do país onde deve buscar ressarcimento. No comércio de transportes, o capital do comerciante é, de certo modo, dividido entre dois países estrangeiros, e nenhuma fração dele jamais terá necessariamente de ir para seu lugar de residência, ou posta sob sua própria e imediata vista e comando. Do capital que um comerciante de Amsterdam emprega transportando trigo de Konnigsberg para Lisboa, e fruta e vinho de Lisboa para Konnigsberg, geralmente metade está em Konnigsberg e a outra metade em Lisboa. Nenhuma fração dele jamais precisará ir para Amsterdam. O lugar de residência natural para tal comerciante deve ser Konnigsberg ou Lisboa, e só circunstâncias muito especiais podem fazê-lo preferir ter residência em Amsterdam. No entanto, o incômodo que ele sente por estar separado e tão longe de seu capital geralmente o faz levar para Amsterdam parte das mercadorias de Konnigsberg que ele destina ao mercado de Lisboa, e também parte das mercadorias de Lisboa que ele destina ao mercado de Konnigsberg; e embora isso inevitavelmente o submeta a um custo duplo de carga e

---

* Realizado por um terceiro que intermedia o negócio e entrega as mercadorias, assumindo os riscos do transporte. A expressão "logística" ainda não era utilizada. (N. do R.T.)

descarga, bem como ao pagamento de alguns impostos e aduanas, ainda com vistas a ter parte de seu capital sempre sob sua própria vista e seu comando, ele de bom grado se submete a esse custo extraordinário; e é dessa maneira que cada país que tem uma participação considerável no comércio dos transportes torna-se sempre o empório, ou mercado geral, para as mercadorias dos diferentes países para cujo comércio o transporte é feito por ele. O comerciante, para economizar uma segunda operação de carga e descarga, empenhar-se-á sempre em vender no mercado interno tanto quanto puder das mercadorias dos diferentes países, e assim, na medida do possível, converter seu comércio de transporte em comércio exterior de bens de consumo. Do mesmo modo, um comerciante que esteja engajado em comércio exterior de bens de consumo, quando recolhe e reúne mercadorias de países estrangeiros, ficará sempre satisfeito se, com um lucro igual ou aproximadamente igual, vender a maior parte possível desses bens em seu país. Ele se poupa do risco e das atribulações da exportação quando, tanto quanto possa, converte assim seu comércio exterior de bens de consumo em comércio interno. Dessa maneira, o próprio país é o centro, se assim posso dizer, em torno do qual os capitais dos habitantes de cada país circulam continuamente e para o qual estão sempre tendendo, embora, por razões particulares, possam às vezes ser retirados e repelidos para encontrar empregos em países mais distantes. Mas um capital empregado num comércio interno, como já se demonstrou, vai necessariamente acionar uma quantidade maior de indústrias domésticas, bem como prover renda e emprego para um número maior de habitantes do país do que um capital igual que for empregado em comércio exterior de bens de consumo; e o capital empregado em comércio exterior de bens de consumo tem a mesma vantagem em relação a um capital igual empregado no comércio de transportes. Portanto, para lucros iguais, ou aproximadamente iguais, cada indivíduo inclina-se, sem dúvida, a empregar seu capital do modo em que ele provavelmente seja mais capaz de dar o maior apoio à indústria nacional e prover renda e emprego a um maior número de pessoas em seu próprio país.

Em segundo lugar, todo indivíduo que emprega seu capital em apoio à indústria nacional necessariamente se empenha em direcionar essa indústria para que seu produto tenha o maior valor possível.

O produto da indústria é aquilo que ela acrescenta ao objeto ou às matérias-primas em que é aplicada. Na proporção em que o valor desse produto seja grande ou pequeno, assim será, de acordo com isso, o lucro do empregador. Mas é só visando ao lucro que qualquer pessoa emprega um capital para dar suporte à indústria; e essa pessoa, portanto, se empenhará sempre em dar suporte àquela indústria cujo produto seja mais capaz de alcançar o maior valor, ou de ser trocado pela maior quantidade de dinheiro ou de outras mercadorias.

Porém a renda anual de cada sociedade é sempre precisamente igual ao valor de troca de toda a produção anual de sua indústria, ou seja, é exatamente a mesma coisa que esse valor de troca. Cada indivíduo, portanto, se empenha o mais que pode em empregar seu capital no suporte à indústria nacional, e também em direcionar essa indústria para um produto que seja do maior valor possível; cada indivíduo trabalha necessariamente para fazer a renda anual da sociedade tão grande quanto ele possa conseguir. Em geral, ele de fato não tem a intenção de promover o interesse público, nem sabe o quanto o está promovendo. Ao preferir dar suporte à indústria doméstica e não à estrangeira, ele tem em vista apenas sua própria segurança; e ao direcionar essa indústria de tal maneira que seu produto possa ser do maior valor possível, ele tenciona apenas seu próprio ganho, e nisso é, como em muitos outros casos, conduzido por uma mão invisível para produzir um desfecho que não faz parte de sua intenção. Nem sempre é pior para a sociedade que ela não tenha participado dessa intenção. Ao perseguir seu próprio interesse, esse indivíduo frequentemente promove o interesse da sociedade de forma mais efetiva do que se realmente tivesse a intenção de promovê-lo. Eu nunca soube de muitos benefícios trazidos por aqueles que pretendem comerciar tendo em vista o bem público. É uma situação, de fato, não muito comum entre comerciantes, e não são necessárias muitas palavras para dissuadi-los disso.

Quais os tipos de indústria doméstica em que seu capital pode ser empregado, e qual produto é mais capaz de ter o maior valor, cada indivíduo, em sua situação local, evidentemente pode julgar muito melhor do que qualquer estadista ou legislador poderia fazer por ele. O estadista que tentasse orientar pessoas privadas sobre como elas deveriam empregar seus capitais não apenas arcaria com uma preocupação das mais desnecessárias, mas assumiria uma autoridade que não só não poderia ser confiada a uma única pessoa, como também a nenhum conselho ou senado, e que em lugar nenhum seria mais perigosa do que nas mãos de um homem leviano e presunçoso o bastante para se julgar capaz de exercê-la.

Conceder o monopólio do mercado interno ao produto da indústria doméstica, em qualquer ofício ou manufatura específicos, significa em certa medida orientar as pessoas privadas sobre como devem empregar seus capitais, e deve, em quase todos os casos, se constituir numa regulamentação inútil ou prejudicial. Se o produto nacional pode ser comprado aqui tão barato quanto o da indústria estrangeira, a regulamentação é evidentemente inútil. Se não pode, ela deverá geralmente ser prejudicial. Todo chefe de família prudente tem como máxima nunca tentar fazer em casa o que lhe custará mais caro fazer do que comprar. O alfaiate não tenta fazer seus próprios sapatos, mas os compra do sapateiro. O sapateiro não tenta fazer suas próprias roupas, mas usa um alfaiate. O agricultor não tenta fazer nem um nem outro, mas emprega esses dois artífices. Todos eles veem como seu interesse empregar toda a sua indústria de modo a auferir alguma vantagem sobre seus vizinhos, e adquirir com uma parte de seu produto, ou, o que vem a ser a mesma coisa, ao preço de uma parte deles, qualquer outra coisa de que venham a precisar.

O que é prudência no comportamento de cada família privada dificilmente será leviandade no comportamento de um grande reino. Se um país estrangeiro pode nos suprir com uma mercadoria mais barata do que somos capazes de produzi-la, é melhor comprá-la deles usando alguma parte de nossa própria indústria, empregada de um modo no qual tenhamos certa vantagem. A indústria de nosso país em geral, sendo sempre proporcional ao capital que a emprega, não diminuirá com isso, não mais do que a dos acima mencionados artífices; mas apenas se deixa que ela encontre o caminho no qual possa ser empregada com a maior vantagem possível. Certamente não é empregada com a maior vantagem quando é direcionada a um item que é mais barato comprar do que fazer. Com certeza, o valor de sua produção anual é mais ou menos diminuído quando ela é desviada de produzir mercadorias que evidentemente têm mais valor do que a mercadoria que ela agora está direcionada a produzir. De acordo com essa suposição, a mercadoria poderia ser adquirida de países estrangeiros por um preço mais barato do que pode ser produzida no país. Poderia, portanto, ter sido adquirida com apenas uma parte das mercadorias, ou, o que é a mesma coisa, com apenas uma parte do preço das mercadorias que uma indústria mantida com um capital igual teria produzido no país, se tivesse sido deixado seguir seu curso natural. Desse modo, a indústria do país é desviada de um emprego mais vantajoso para um menos vantajoso, e o valor de troca de seu produto anual, em vez de ser aumentado, de acordo com a intenção do legislador, necessariamente será diminuído por qualquer regulamentação desse tipo.

Por meio de uma regulamentação dessas, de fato, determinada manufatura pode às vezes ser adquirida mais cedo do que seria sem tal regulamentação, e depois de certo tempo pode ser feita em casa por um preço tão barato quanto ou mais barato do que no país estrangeiro. Mas embora a industriosidade da sociedade possa ser conduzida com vantagem em um canal específico antes do que poderia ser conduzida sem a regulamentação, isso de modo algum significa que a soma total, seja de sua indústria ou de sua renda, possa alguma vez ser aumentada por tal regulamentação. A industriosidade da sociedade pode aumentar somente em proporção a seus aumentos de capital, e seu capital só pode aumentar em proporção ao que pode ser gradualmente economizado de sua renda. Mas o efeito imediato de cada regulamentação dessas é a diminuição da renda, e com certeza não é provável que aquilo que diminui a renda aumente o capital mais depressa do que ele teria aumentado por si mesmo se se deixasse que tanto o capital quanto a indústria encontrassem seus empregos naturais.

Se, no entanto, por falta de tal regulamentação, a sociedade nunca adquirisse a manufatura proposta, ela não seria, por conta disso, necessariamente mais pobre em qualquer período de sua duração. Em cada período de sua duração, todo o seu capital e toda a sua indústria ainda poderiam ter sido empregados, embora em itens diferentes, de um modo que seria o mais vantajoso naquele momento. Em cada período, sua renda poderia ter sido a maior que seu capital poderia proporcionar, e tanto o capital quanto a renda poderiam ter sido aumentados com a maior rapidez possível.

As vantagens naturais que um país tem em relação a outro na produção de determinados produtos são algumas vezes tão grandes que é sabido em todo o mundo que é inútil lutar contra elas. Por meio de estufas, alfobres e paredes aquecidas, podem-se cultivar uvas muito boas na Escócia, e também se pode fazer delas um vinho muito bom por um custo aproximadamente trinta vezes maior do que, com pelo menos a mesma qualidade, pode-se trazê-lo de países estrangeiros. Seria razoável uma lei que proibisse a importação de todos os vinhos estrangeiros meramente para estimular o mercado de claretes e borgonhas na Escócia? Mas se for um inegável absurdo optar por empregar trinta vezes mais capital e indústria do país do que seria necessário para adquirir de países estrangeiros a mesma quantidade desejada de produtos, então deve ser também um absurdo, embora não tão evidente, mas exatamente do mesmo tipo, optar por empregar uma trigésima parte, ou até mesmo uma tricentésima parte a mais de cada um. Se as vantagens que um país apresenta em relação a outro são naturais ou adquiridas, isso não faz diferença. Enquanto um país desfrutar dessa vantagem e o outro quiser os produtos, será sempre mais vantajoso para o segundo comprá-lo do primeiro do que produzi-lo ele mesmo. A vantagem que um artífice tem sobre seu vizinho que exerça outra atividade é apenas uma vantagem adquirida; e ainda assim os dois acham mais vantajoso comprar um do outro do que produzir aquilo que não faz parte de sua atividade particular.

Comerciantes e manufatores são as pessoas que auferem as maiores vantagens desse monopólio do mercado interno. A proibição da importação de gado estrangeiro e de provisões de carne conservada em sal, juntamente com os pesados tributos de importação sobre os cereais estrangeiros, que em tempos de moderada abundância equivalem a uma proibição, não é tão vantajosa para os criadores e lavradores da Grã-Bretanha quanto outros regulamentos do mesmo tipo o são para seus comerciantes e manufatores. As manufaturas, sobretudo as de maior qualidade, são transportadas de um país a outro mais facilmente do que o cereal ou o gado. É, portanto, na ação de ir buscar e transportar manufaturas que o comércio exterior se ocupa principalmente. Em manufaturas, uma vantagem muito pequena já permitirá que estrangeiros vendam mais barato que nossos próprios trabalhadores, mesmo no mercado interno. Mas será necessária uma vantagem muito grande para que possam fazer isso na produção bruta do solo. Caso se permitisse a livre importação de manufaturas estrangeiras, muitas manufaturas nacionais provavelmente sofreriam com isso, algumas delas talvez se arruinassem por completo, e uma parte considerável do capital e da indústria atualmente nelas aplicados seria forçada a encontrar algum outro emprego. Mas a mais livre das importações sobre o produto bruto* do solo não poderia ter tal efeito sobre a agricultura do país.

Se a importação de gado estrangeiro, por exemplo, alguma vez se tornasse livre assim, tão pouco poderia ser importado que a atividade de criação de gado na Grã-Bretanha seria pouco afetada por isso. Gado vivo é, talvez, a única mercadoria cujo transporte é mais dispendioso por via marítima do que por via terrestre. Pela via terrestre, o gado se desloca por si mesmo até o mercado. Por mar, não somente o gado, mas seu alimento e sua água também devem ser transportados por um custo nada pequeno, e de forma inconveniente. O estreito braço de mar entre a Irlanda e a Grã-Bretanha, na verdade, torna a importação de gado irlandês mais fácil. Porém, mesmo que a livre importação dele, que recentemente foi permitida apenas por um tempo limitado, se tornasse

---

* Produto primário. (N. do R.T.)

permanente, isso não poderia ter um efeito considerável sobre os interesses dos criadores da Grã-Bretanha. Essas partes da Grã-Bretanha que confinam com o mar da Irlanda são todas terras de criação. O gado irlandês nunca poderia ser importado para seu uso, e assim teve de ser levado através de regiões extensas, a um custo elevado e de maneira inconveniente, antes que pudesse chegar a seu mercado próprio. O gado gordo não poderia ser levado tão longe. Só se poderia importar, portanto, gado magro, e tal importação só poderia interferir nos interesses não dos países onde se alimenta e engorda o gado, para os quais, com a redução do preço do gado magro, ela seria até vantajosa, mas somente nos dos países criadores. A pequena quantidade de gado importado, desde que sua importação foi permitida, juntamente com o bom preço pelo qual o gado magro ainda continua a ser vendido, parece demonstrar que mesmo as regiões criadoras da Grã-Bretanha afiguram nunca ter sido muito afetadas pela livre importação do gado irlandês. Relata-se que as pessoas comuns da Irlanda, na verdade, se opuseram às vezes com violência à exportação de seu gado. Mas se os exportadores achassem que seria de grande vantagem continuar o comércio, eles poderiam facilmente, quando a lei estava de seu lado, ter dominado essa turbulenta oposição.

Além disso, as regiões onde se alimenta e engorda o gado precisam sempre ser muito aprimoradas, enquanto as regiões de criação não são em geral cultivadas. O preço alto do gado magro, que advém do aumento do valor de terra não cultivada, é como se fosse um subsídio contra o aprimoramento. Para qualquer região altamente desenvolvida, seria mais vantajoso importar seu gado magro do que criá-lo. A província da Holanda, de acordo com isso, é tida atualmente como uma seguidora dessa máxima. As montanhas da Escócia, de Gales e de Northumberland são realmente locais não suscetíveis de muito desenvolvimento e parecem destinadas, por natureza, a ser as regiões de criação da Grã-Bretanha. A mais livre importação de gado estrangeiro não poderia ter outro efeito senão o de impedir que essas regiões de criação obtivessem vantagem da população crescente e do desenvolvimento do resto do reino, elevassem seu preço a um nível exorbitante e estabelecessem uma taxa real sobre todas as partes mais desenvolvidas e cultivadas do país.

A livre importação de provisões de carne conservada em sal, do mesmo modo, poderia ter tão pouco efeito sobre os interesses dos criadores de gado quanto a livre importação de gado vivo. A carne salgada é não apenas uma mercadoria volumosa, mas também, quando comparada à carne fresca, uma mercadoria de pior qualidade e, por exigir mais trabalho e mais despesas, de preço mais alto. Portanto, ela jamais poderia competir com a carne fresca, embora pudesse competir com as carnes salgadas do próprio país. As provisões de carne conservada em sal poderiam ser usadas para abastecer navios em viagens distantes e usos semelhantes, mas nunca poderiam ser parte considerável da alimentação do povo. A pequena quantidade de carne salgada importada da Irlanda, desde que essa importação foi liberada, é uma prova experimental de que nossos criadores de gado no pasto não têm por que ficarem preocupados com isso. Não parece que o preço da carne no açougue tenha sido sensivelmente afetado por isso.

Mesmo a livre importação de cereais estrangeiros só poderia afetar muito pouco os interesses dos lavradores da Grã-Bretanha. O grão é um produto mais volumoso do que a carne do açougue. Uma libra de grão a um penny pesa tanto quanto uma libra de carne de açougue a quatro pence. A pequena quantidade de cereal estrangeiro importada, mesmo em tempos de maior escassez, pode deixar satisfeitos nossos lavradores, pois eles não têm o que temer da importação mais livre. A quantidade média importada, um ano pelo outro, de acordo com o muito bem informado autor dos artigos sobre o comércio de cereais, monta apenas a 23 728 quartos de todos os tipos de grãos, e não excede um 571 avos do consumo anual. Mas assim como o subsídio para o cereal suscita uma exportação maior em tempos de abundância, consequentemente suscitará, em tempos de escassez, uma importação maior do que haveria se não fosse ele, tendo como base o atual estágio de cultivo. Por causa do subsídio, a abundância em um ano não compensa a escassez em outro, e como a quantidade média exportada é necessariamente aumentada por ele, assim deve acontecer, de igual modo, no estado atual de cultivo, com a quantidade média importada. Se não houvesse subsídio, e se menos grão fosse exportado, é provável que, um ano pelo outro, fosse importado menos do que é atualmente. Os comerciantes de grãos, os que transportam grãos entre a Grã-Bretanha e os países estrangeiros teriam bem menos emprego e poderiam ser consideravelmente prejudicados; mas os proprietários rurais e lavradores do país seriam muito pouco afetados. É entre os comerciantes de cereais, portanto, mais do que entre os proprietários rurais e lavradores, que observei a maior ansiedade pela renovação e continuação do subsídio.

Os proprietários rurais e seus arrendatários são, para sua grande honra, de todas as pessoas, as menos sujeitas ao mesquinho espírito do monopólio. O empreendedor de uma grande manufatura fica às vezes alarmado se outro empreendimento do mesmo tipo é estabelecido a trinta quilômetros de distância. O empresário holandês da manufatura de lã em Abbeville estipulou que nenhuma atividade da mesma natureza poderia se estabelecer a menos de trinta léguas daquela cidade. Arrendatários e proprietários rurais, ao contrário, geralmente estão dispostos mais a promover do que a obstruir o cultivo e melhoramentos das fazendas e propriedades dos vizinhos. Eles não têm segredos, como a maior parte dos manufatores, e normalmente estão ansiosos por comunicar a seus vizinhos, e a estender para tão longe quanto possível, toda nova prática que acharem ser vantajosa. "Pius Questus", diz Catão, o velho, "*stabilissimusque, minimeque invidiosus; minimeque male cogitantes sunt, qui in eo studio occupati sunt.*"* Proprietários rurais e lavradores dispersos em diferentes regiões do país não podem fazer combinações entre si tão facilmente quanto comerciantes e manufatores, os quais, recolhidos nas cidades e acostumados com esse espírito corporativo exclusivo que nelas prevalece, se empenham naturalmente em obter, em detrimento de seus compatriotas, os mesmos privilégios exclusivos de que dispõem em relação aos habitantes de suas respectivas cidades. De acordo com isso, eles parecem ter sido os inventores originais dessas restrições sobre a importação de mercadorias estrangeiras que lhes asseguram o monopólio do mercado interno. Foi provavelmente imitando-os, e para se colocarem no mesmo nível daqueles que, assim achavam, estavam dispostos a oprimi-los, que os proprietários rurais e arrendatários da Grã-Bretanha esqueceram tanto a generosidade que era natural de sua ocupação a ponto de pleitearem o privilégio exclusivo de suprir seus compatriotas de grãos e carne de açougue. Eles talvez não se detiveram para considerar que seus interesses poderiam ser menos afetados pela liberdade de comércio do que os daqueles cujo exemplo estavam seguindo.

Proibir, por meio de uma lei permanente, a importação de cereais e gado estrangeiros é na realidade sancionar que a população e a indústria do país não poderão exceder, em qualquer tempo, o que a produção bruta de seu próprio solo pode manter.

---

* "Os rendimentos de Pio Questo são menos suscetíveis à inveja; e quem se dedica a seus próprios propósitos não tem más intenções." (N.T.)

No entanto, parece haver dois casos nos quais geralmente será vantajoso aplicar algum ônus sobre o produto estrangeiro para estimular a indústria nacional.

O primeiro é quando algum tipo específico de indústria se faz necessário para a defesa do país. A defesa da Grã-Bretanha, por exemplo, depende muito do número de seus marinheiros e de sua frota. O ato* de navegação, portanto, muito propriamente se empenha em dar aos marinheiros e à marinha mercante da Grã-Bretanha o monopólio do comércio de seu próprio país, em alguns casos mediante a proibição absoluta, e em outros por meio de pesados encargos sobre a marinha mercante de países estrangeiros. São as seguintes as principais disposições desse ato.

Primeiro: todos os navios, cujos proprietários e três quartos dos marinheiros não são súditos britânicos, estão proibidos, sob pena de confisco do navio e de sua carga, de comerciar em estabelecimentos e colônias britânicos, ou de serem empregados no comércio de cabotagem da Grã-Bretanha.

Segundo: uma grande variedade de artigos de importação mais volumosos só pode ser trazida para a Grã-Bretanha em navios do tipo acima descritos ou em navios do país nos quais essas mercadorias são adquiridas, e dos quais os proprietários, comandantes e três quartos dos marinheiros são daquele país específico; e mesmo quando importados em navios deste último tipo, estão sujeitos ao dobro do imposto sobre a importação. Se importados em navios de qualquer outro país, a pena é o confisco de navios e mercadorias. Quando esse ato foi exarado, os holandeses eram, como ainda são, os grandes transportadores da Europa, e com esse regulamento foram totalmente excluídos de transportar para a Grã-Bretanha, ou de importar para nós as mercadorias de qualquer outro país europeu.

* "Ato", neste caso, é ato legislativo, decreto, lei. (N. T.)

Terceiro: é proibida a importação de grande variedade de artigos mais volumosos, mesmo em navios britânicos, de qualquer país a não ser daquele onde são produzidos, sob pena de confisco do navio e de sua carga. Esse regulamento também era provavelmente dirigido contra os holandeses. A Holanda era então, como agora, o grande empório de todas as mercadorias europeias, e com esse regulamento os navios britânicos foram impedidos de carregar, na Holanda, as mercadorias de qualquer outro país europeu.

Quarto: peixe salgado de qualquer tipo, barbatanas, osso, óleo e gordura de baleia não pescada nem defumada a bordo de naves britânicas, quando importados para a Grã-Bretanha, estão sujeitos ao dobro do imposto de importação. Os holandeses eram, como ainda são, os principais nisso, e estavam entre os únicos pescadores na Europa que se empenhavam em suprir nações estrangeiras com peixe. Com esse regulamento, um ônus muito pesado foi aplicado sobre seu suprimento à Grã-Bretanha.

Quando o ato de navegação foi criado, embora a Inglaterra e a Holanda não estivessem efetivamente em guerra, a mais violenta animosidade subsistiu entre as duas nações. Começou durante o governo do Parlamento Longo, que primeiro formulou esse ato, e eclodiu logo depois nas guerras holandesas durante os governos do Protetor* e de Carlos II. Não é impossível, portanto, que alguns dos regulamentos desse famoso ato possam ter se originado de uma animosidade nacional. No entanto, eles são muito sensatos, como se tivessem sido ditados pela mais cuidadosa prudência. A animosidade nacional, especialmente naquela época, visava àquele mesmo objetivo que a mais cuidadosa sensatez recomendaria: a diminuição do poder naval da Holanda, o único poder naval que poderia colocar em perigo a segurança da Inglaterra.

---

* Oliver Cromwell. (N. E.)

O ato de navegação não favorece o comércio exterior, nem o crescimento da opulência que dele poderia advir. O interesse da nação em suas relações comerciais com nações estrangeiras é, tanto quanto o do comerciante em relação às diferentes pessoas com as quais trata, o de comprar o mais barato e vender o mais caro possível. Mas será mais plausível comprar barato quando a mais perfeita liberdade de comércio estimular todas as nações a trazerem as mercadorias que precisem adquirir; e, pela mesma razão, será mais plausível vender caro quando, desse modo, seus mercados estiverem cheios com o maior número de compradores. O ato de navegação, é verdade, não impõe encargos sobre navios estrangeiros que exportam o produto da indústria britânica. Mesmo a antiga taxa que se costumava pagar sobre todas as mercadorias, tanto as exportadas como as importadas, tem sido, por meio de diversos atos subsequentes, retirada de grande parte dos artigos de exportação. Mas se estrangeiros, seja por proibição ou por altos impostos, são impedidos de virem para vender, nem sempre eles poderão vir para comprar, porque, para vir sem carga, eles perderiam o custo do transporte de seu próprio país para a Grã-Bretanha. Ao diminuir o número de vendedores, portanto, estamos necessariamente diminuindo o de compradores, o que torna plausível não só que se comprem mais caro as mercadorias estrangeiras, como que se vendam as nossas mais barato do que se houvesse maior liberdade de comércio. No entanto, como a defesa tem muito mais importância do que a opulência, o ato de navegação é, talvez, o mais prudente de todos os regulamentos comerciais da Inglaterra.

O segundo caso em que geralmente será vantajoso impor algum ônus sobre a indústria estrangeira para estimular a indústria nacional é quando algum imposto incide sobre o produto desta última. Nesse caso, parece ser razoável que um imposto equivalente seja aplicado sobre o produto similar da primeira. Isso não daria o monopólio do mercado interno para a indústria doméstica, nem direcionaria para um emprego específico uma parcela maior do capital e do trabalho do país do que aconteceria naturalmente. Apenas impediria que qualquer parcela que naturalmente se direcionasse para ele fosse desviada pelo primeiro imposto para uma direção menos natural, e, com o segundo imposto, deixaria a concorrência entre as indústrias estrangeira e nacional o mais próximo possível de seu estágio anterior. Na Grã-Bretanha, quando tal imposto é aplicado sobre o produto da indústria doméstica, é usual sustar as clamorosas reclamações de nossos comerciantes e manufatores de que estariam auferindo menos nas vendas internas e, ao mesmo tempo, aplicar uma taxa muito mais pesada sobre a importação de todas as mercadorias estrangeiras do mesmo tipo.

Essa segunda limitação da liberdade de comércio, conforme alguns, deveria, em certos casos, ser estendida muito além do que só aos artigos estrangeiros específicos que poderiam concorrer com os que foram taxados em nosso país. Quando produtos de primeira necessidade são taxados em qualquer país, torna-se apropriado, assim pretendem, taxar não somente os produtos similares importados de outros países, mas todo tipo de mercadoria estrangeira que possa entrar em concorrência com qualquer coisa que seja produto da indústria doméstica. A subsistência, assim alegam, torna-se necessariamente mais dispendiosa em virtude dessas taxas; e o preço da mão de obra sempre irá subir junto com o da subsistência dos trabalhadores. Desse modo, todo artigo que é produto da indústria nacional, mesmo que não seja ele mesmo imediatamente tributado, encarece em consequência de tais tributos, porque o trabalho que o produz também se tornou mais caro. Portanto, dizem eles, esses tributos são realmente equivalentes a um imposto sobre cada artigo específico produzido no país. Assim, para pôr a indústria doméstica em igualdade de condições com a indústria estrangeira, pensam eles, torna-se necessário aplicar alguma taxa aduaneira sobre cada artigo estrangeiro, equivalente ao aumento do preço dos artigos nacionais com os quais possa entrar em concorrência.

Se impostos sobre artigos de primeira necessidade, como os que na Grã-Bretanha incidem sobre sabão, sal, couro, velas etc., elevam necessariamente o preço da mão de obra, e consequentemente o de todos os outros artigos, é uma questão que vou abordar a seguir, quando tratar dos impostos. No entanto, supondo ao mesmo tempo que tenham esse efeito, e eles sem dúvida o têm, esse aumento generalizado do preço de todos os artigos, em consequência ao da mão de obra, é um caso que difere, nos dois aspectos seguintes, do de um artigo específico cujo preço foi aumentado por um imposto específico imediatamente a ele aplicado.

Em primeiro lugar, pode-se sempre saber, com grande exatidão, o quanto o preço de determinado artigo foi aumentado por determinado imposto; mas não se pode saber com uma exatidão aceitável o quanto o aumento generalizado do preço do trabalho pode afetar aquele de cada artigo em que se empregou esse trabalho. Seria impossível, portanto, medir com exatidão aceitável a proporção em que o imposto sobre o artigo estrangeiro causa o aumento do preço de cada artigo doméstico.

Em segundo lugar, impostos sobre artigos de primeira necessidade têm aproximadamente o mesmo efeito nas condições das pessoas que um solo pobre ou um clima adverso. As provisões tornam-se por isso mais caras da mesma maneira com que se tornariam se requeressem trabalho e despesa extras para obtê-las. Assim como seria absurdo, no caso de uma escassez natural originária do solo e do clima, direcionar as pessoas sobre como aplicar seus capitais e seu trabalho, o mesmo acontece ante a escassez artificial que advém de tais impostos. Deixar que tentem adequar, tanto quanto possam, seu trabalho à sua situação, e encontrar aquele emprego no qual, apesar das circunstâncias desfavoráveis, possam auferir alguma vantagem, seja no país ou no mercado estrangeiro, é o que, nos dois casos, seria o melhor para elas. Aplicar um novo imposto sobre elas, estando já sobrecarregadas de impostos e pagando muito caro pelos artigos de primeira necessidade, e fazê-las, da mesma forma, pagar muito caro pela maior parte de outros artigos, é certamente o modo mais absurdo de tentar correções.

Tais impostos, quando sobem e atingem certo nível, constituem uma maldição que se soma tanto à esterilidade da terra quanto à inclemência dos céus; e ainda é nos países mais ricos e mais industriosos que são em geral mais aplicados. Nenhum dos outros países poderia suportar tão grande desordem. Assim como somente os corpos mais fortes podem viver e gozar de saúde num regime insalubre, somente as nações que em todo tipo de indústria têm as maiores vantagens, naturais ou adquiridas, podem subsistir e prosperar sob tais impostos. A Holanda é o país da Europa no qual eles mais abundam e que, em circunstâncias peculiares, continua a prosperar, não por meio deles, como muito absurdamente se supõe, mas apesar deles.

Assim como há dois casos em que geralmente será vantajoso onerar o estrangeiro para estimular a indústria nacional, há também outros dois em que isso pode às vezes merecer deliberação; um deles é até que ponto será apropriado continuar com a livre importação de certas mercadorias estrangeiras; o outro, até que ponto, ou de que maneira, pode ser apropriado restaurar essa livre importação depois de ter sido interrompida por algum tempo.

O caso em que às vezes deve-se deliberar até que ponto será apropriado continuar com a livre importação de certas mercadorias estrangeiras ocorre quando algumas nações restringem, por meio de altas taxas aduaneiras ou proibições, a importação para seu país de algumas de nossas manufaturas. A reação, nesse caso, naturalmente sugere uma retaliação, e que deveríamos aplicar impostos similares e proibições à importação de algumas ou de todas as suas manufaturas para nosso país. As nações, de acordo com isso, raras vezes deixam de retaliar desse modo. Os franceses estão particularmente avançados no favorecimento a suas manufaturas com a restrição à importação das mercadorias estrangeiras que possam concorrer com as deles. É nisso que consiste grande parte da política do sr. Colbert, que, não obstante sua alta competência, parece neste caso ter cedido à imposição da sofística de comerciantes e manufatores, que estão sempre pleiteando o monopólio sobre seus compatriotas. A atual opinião de um dos homens mais inteligentes da França é que operações desse tipo não têm sido benéficas para seu país. Esse ministro, por meio da tarifa de 1667, aplicou taxas aduaneiras muito pesadas sobre um grande número de manufaturas estrangeiras. Em virtude de sua recusa a reduzir essas taxas em benefício dos holandeses, estes proibiram, em 1671, a importação de vinhos, conhaques e manufaturas da França. A guerra de 1672 parece ter sido, em parte, provocada por essa disputa comercial. A Paz de Nimegue pôs fim a ela em 1678, com a redução de algumas dessas taxas em favor dos holandeses, os quais, em consequência, retiraram a proibição que eles mantinham. Foi mais ou menos na mesma época que os franceses e os ingleses começaram a oprimir reciprocamente um a indústria do outro, com impostos e proibições similares, no que a França, no entanto, deu aparentemente o primeiro exemplo. O espírito de hostilidade que subsistiu entre as duas nações desde então até agora as impediu de moderarem suas posições em relação ao outro lado. Em 1697, os ingleses proibiram a importação de renda de bilros, uma manufatura de Flandres. O governo desse país, naquela época sob o domínio da Espanha, proibiu em resposta a importação de lãs inglesas. Em 1700, foi retirada a proibição de importar renda de bilro para a Inglaterra sob a condição de que a importação de lãs inglesas para Flandres fosse reposta na mesma base de antes.

Retaliações desse tipo podem se constituir em boa política quando há a possibilidade de que se consiga a revogação das altas taxas aduaneiras ou da proibição que são motivos de queixa. A recuperação de um grande mercado exterior geralmente mais do que compensará a inconveniência transitória de pagar mais caro durante um curto período por alguns tipos de mercadoria. Avaliar se essas retaliações são capazes de produzir tal efeito talvez não seja tanto parte da ciência de um legislador, cujas deliberações devem ser governadas por princípios gerais que são sempre os mesmos, quanto desse insidioso e ardiloso animal, vulgarmente chamado de estadista ou de político, cujos conselhos [corpos consultivos] são conduzidos pelas flutuações momentâneas dos negócios. Quando não há probabilidade de que se obtenha nenhuma revogação desse tipo, parece ser um mau método de compensar o dano causado a certas categorias de nosso povo a ação de causarmos nós mesmos outro dano, não somente a essas categorias, mas a quase todas as outras. Quando nossos vizinhos proíbem a importação de alguma de nossas manufaturas, em geral proibimos não apenas a nossa importação da mesma manufatura deles, pois só isso raramente os afetaria de modo considerável, mas alguma outra de suas manufaturas. Isso pode sem dúvida dar estímulo a alguma categoria específica de nossos trabalhadores, e, ao excluir alguns de seus concorrentes, permitir que ela eleve seus preços no mercado interno. No entanto, esses trabalhadores que foram prejudicados pela proibição de nossos vizinhos não serão beneficiados pela nossa. Pelo contrário, eles e quase todas as outras classes de nossos cidadãos serão desse modo obrigados a pagar mais caro do que antes por certas mercadorias. Leis como essa, portanto, estão aplicando um imposto real sobre o país inteiro, não em benefício daquela categoria específica de trabalhadores atingidos pela proibição de nossos vizinhos, mas em favor de alguma outra categoria.

O caso que pode algumas vezes ser tema de deliberação sobre até que ponto, ou de que maneira, será apropriado restaurar a livre importação de mercadorias estrangeiras, depois de ter sido interrompida por algum tempo, ocorre quando manufaturas específicas, por causa das altas taxas aduaneiras ou proibições de mercadorias estrangeiras que possam concorrer com elas, foram tão ampliadas a ponto de empregar um grande contingente de mão de obra. Nesse caso, um sentimento humanitário pode requerer que a liberdade de comércio seja restaurada somente de forma lenta e gradual, e com grande medida de reserva e circunspecção. Quando essas altas taxas aduaneiras e proibições são retiradas de uma só vez, mercadorias estrangeiras mais baratas do mesmo tipo poderiam jorrar tão depressa no mercado interno que privariam imediatamente muitos milhares de nossa gente de seu emprego normal e de seus meios de subsistência. Sem dúvida, a desordem que isso ocasionaria poderia ser considerável. Muito provavelmente, no entanto, seria bem menor do que em geral se imagina, pelas duas seguintes razões:

Em primeiro lugar, todas essas manufaturas, das quais uma parte é comumente exportada para outros países europeus sem subvenção, poderiam ser muito pouco afetadas por uma importação mais livre de mercadorias estrangeiras. Essas manufaturas devem ser vendidas tão barato no estrangeiro quanto quaisquer outras mercadorias estrangeiras da mesma qualidade e do mesmo tipo, e consequentemente devem ser vendidas mais barato em nosso país. Elas, portanto, ainda dominariam o mercado interno, e embora alguém que valorize os caprichos da moda possa preferir artigos estrangeiros só porque são estrangeiros, a mercadorias do mesmo tipo, mais baratas e melhores, que foram feitas em nosso país, essa insensatez poderia, pela própria natureza das coisas, se estender a tão poucos que não poderia causar um impacto sensível no emprego das pessoas em geral. Mas uma grande parte de todos os diferentes setores de nossa manufatura de lã, de nosso couro curtido e de nossos utensílios é exportada anualmente para outros países europeus sem qualquer subvenção, e essas são as manufaturas que empregam a maior quantidade de mão de obra. A seda talvez seja a manufatura que mais sofra com essa liberdade de comércio, e depois dela o linho, embora muito menos que a seda.

Em segundo lugar, ainda que um grande número de pessoas pudesse, com essa restauração da liberdade de comércio, ser imediatamente destituída de seus empregos ordinários e de seu meio usual de subsistência, isso de forma alguma significa que essas pessoas seriam, por isso, privadas de emprego ou de subsistência. Com a redução do Exército e da Marinha no fim da última guerra, mais de 100 mil soldados e marinheiros, número igual ao de pessoas empregadas nas maiores manufaturas, foram despedidos todos de uma só vez de seu emprego usual; mas embora eles com certeza tenham sofrido com esse contratempo, não foram por causa disso privados totalmente de emprego e subsistência. É provável que a maior parte dos marinheiros tenha migrado para o serviço da marinha mercante assim que houve oportunidade, e, nesse meio-tempo, tanto eles quanto os soldados foram absorvidos na vasta massa do povo e empregados numa grande variedade de ocupações. Não só não houve uma grande convulsão como também nenhuma desordem perceptível surgiu dessa mudança tão intensa na situação de mais de 100 mil homens, todos acostumados ao uso das armas, e muitos deles ao saque e à pilhagem. Mal se percebeu, onde quer que seja, que o número de vagabundos tenha aumentado por causa disso, e, até onde pude constatar, mesmo os salários não foram reduzidos por causa disso em qualquer ocupação, exceto na de marinheiro na marinha mercante. Mas se compararmos os hábitos de um soldado com os de qualquer tipo de manufator, veremos que os hábitos deste último não tendem tanto a desqualificá-lo para um emprego numa nova atividade quanto os do primeiro de ser empregado em qualquer ocupação. O manufator sempre foi acostumado a buscar subsistência apenas de seu trabalho; o soldado, a obtê-la de seu soldo. Aplicação e industriosidade são familiares a um; negligência e dissipação, ao outro. Mas certamente é muito mais fácil mudar o direcionamento da industriosidade de um tipo de trabalho para outro do que transformar negligência e dissipação em qualquer industriosidade. Ademais, para a maior parte das manufaturas, como já foi observado, há outras manufaturas correlatas e de natureza tão similar que um manufator pode facilmente transferir sua indústria de uma para outra. E também a maior parte desses trabalhadores é ocasionalmente empregada em atividades no campo. O capital que antes os empregava numa manufatura específica permanecerá no país para empregar um igual número de pessoas de alguma outra maneira. Se o capital do país continuar a ser o mesmo, a demanda de trabalho, similarmente, continuará a ser a mesma, ou muito aproximadamente a mesma, embora possa se exercer em lugares diferentes e para ocupações distintas. De fato, soldados e marinheiros, quando dão baixa do serviço do rei, estão livres para exercer qualquer atividade, em qualquer cidade ou lugar da Grã-Bretanha ou da Irlanda. Que seja restaurada a todos os súditos de Sua Majestade, assim como o é aos soldados e marinheiros, a mesma liberdade natural de exercerem qualquer tipo de indústria que queiram; ou seja, romperem os privilégios exclusivos das corporações e rejeitarem o estatuto do aprendizado, que constituem ambos uma usurpação da liberdade natural, e ajudá-los a revogar a lei das áreas de estabelecimento, de modo que um trabalhador destituído, quando despedido de seu emprego em certa atividade ou certo lugar, possa buscar outro em outra atividade ou em outro lugar, sem temer perseguição ou remoção, e nem o público nem os indivíduos sofrerão com uma dispersão ocasional de algumas classes específicas de manufatores mais do que sofrem os soldados. Nossos manufatores desfrutam sem dúvida de grande mérito em relação a seu país, mas não pode ser mais do que o daqueles que o defendem com seu sangue, nem merecem ser mais bem tratados.

De fato, esperar que a liberdade de comércio pudesse ser totalmente restaurada na Grã-Bretanha é tão absurdo quanto esperar que uma Oceana ou uma Utopia pudesse alguma vez nela se estabelecer. Não só os preconceitos do público se opõem a isso irresistivelmente, mas, o que é muito mais irredutível, o interesse particular de muitos indivíduos. Se os oficiais do Exército se opusessem com o mesmo zelo e unanimidade a qualquer redução no número de tropas com que os grandes manufatores se posicionam contra qualquer lei que possa aumentar o número de seus concorrentes no mercado doméstico, e se os primeiros estimulassem seus soldados da mesma maneira com que os últimos insuflam seus trabalhadores a atacarem com violência e atrevimento os propositores de qualquer regulamento desse tipo, então a tentativa de reduzir o Exército seria tão perigosa quanto se tornou agora a tentativa de diminuir em qualquer aspecto o monopólio que nossos manufatores obtiveram em detrimento nosso. Esse monopólio aumentou tanto o número de alguns grupos específicos de manufatores que, como um exército permanente superdimensionado, eles se tornaram formidáveis aos olhos do governo e, em muitas ocasiões, intimidam o Legislativo. O membro do Parlamento que apoia cada proposta que fortaleça esse monopólio tem certeza de ganhar não só a reputação de entendedor de comércio, mas grande popularidade e influência junto a uma categoria de pessoas cujos números e riqueza lhes conferem notável importância. Se se opuser a eles, ao contrário, e ainda mais se tiver autoridade suficiente para ser capaz de frustrá-los, nem a mais reputada integridade, nem a mais alta hierarquia, nem os maiores serviços prestados ao público podem protegê-lo das mais infames injúria e difamação, de insultos pessoais, nem às vezes de um perigo real, advindo do insolente atrevimento de monopolistas furiosos e desapontados.

Aquele que assume o empreendimento de uma grande manufatura e que, ao serem os mercados domésticos subitamente abertos à concorrência de estrangeiros, é obrigado a abandonar a atividade, sem dúvida sofrerá de forma considerável. Aquela parte de seu capital que em geral era empregada na aquisição de materiais e no pagamento de seus trabalhadores poderia, talvez sem muita dificuldade, encontrar outra função. Mas a parte dele que foi aplicada em locais de trabalho e nos instrumentos específicos da atividade raramente poderia ser aproveitada sem uma perda considerável. Portanto, a consideração imparcial de seu próprio interesse requer que mudanças desse tipo nunca sejam introduzidas repentinamente, mas de forma lenta e gradual, e depois de uma longa advertência. A legislatura, caso fosse possível que suas deliberações fossem sempre conduzidas não pelo clamoroso oportunismo de interesses parciais, mas por uma visão extensiva do bem geral, deveria, talvez, no que tange a esse caso, ser especialmente cuidadosa para não estabelecer nenhum novo monopólio desse tipo, nem ampliar ainda mais os que já estão estabelecidos. Cada nova regulação dessa natureza provoca certo grau de real desordem na Constituição do Estado, que depois será difícil sanar sem ocasionar outra desordem.

Até onde pode ser apropriado aplicar impostos sobre a importação de mercadorias estrangeiras, não de modo a impedir sua importação, mas para aumentar a receita do governo, é assunto que vou abordar a seguir, quando tratar de impostos. Impostos aplicados com a intenção de impedir, ou até mesmo de diminuir a importação, são evidentemente tão destrutivos para a receita da alfândega quanto para a liberdade de comércio.

5
A irracionalidade das restrições

I
Da irracionalidade dessas restrições mesmo segundo os princípios do sistema comercial

Impor restrições extraordinárias à importação de mercadorias de quase todos os tipos daqueles países em relação aos quais a balança comercial é considerada desfavorável é o segundo expediente com o qual o sistema comercial se propõe a aumentar a quantidade de ouro e prata. Assim, na Grã-Bretanha, podem-se importar tecidos finos da Silésia para consumo interno mediante o pagamento de certos tributos aduaneiros. Mas cambraia e outros tecidos finos da França têm sua importação proibida, exceto se for para o porto de Londres, onde serão armazenados para exportação. Os tributos aduaneiros aplicados aos vinhos da França são mais pesados do que os aplicados aos de Portugal, ou, na verdade, aos de qualquer outro país. Sob o que é chamado de "tarifa 1692", uma taxa alfandegária de 25% sobre o valor foi imposta a todas as mercadorias francesas; enquanto as mercadorias de outras nações foram, em sua maior parte, sujeitas a tributos muito mais leves, raramente excedendo os 5%. O vinho, o conhaque, o sal e o vinagre da França são na verdade exceções; esses artigos foram sujeitos a outros pesados tributos, seja por outras leis, seja por cláusulas específicas da mesma lei. Em 1696, uma segunda taxa de 25% — não tendo a primeira sido considerada desestímulo suficiente — foi imposta sobre todas as mercadorias francesas, exceto o conhaque; juntamente com uma nova taxa de 25 libras esterlinas sobre cada tonelada de vinho francês, e mais quinze libras por tonelada de vinagre francês. As mercadorias francesas nunca foram omitidas em nenhum desses subsídios gerais, ou tributos aduaneiros de 5%, que foram aplicados a todas as mercadorias, ou à maior parte delas, relacionadas no livro de tarifas. Se levarmos em conta os subsídios de um terço e de dois terços formando juntos um subsídio inteiro, vemos que houve cinco desses subsídios gerais; assim, antes do começo da guerra atual, a tributação em 75% pode ser considerada a menor taxa alfandegária à qual a maior parte das mercadorias de cultivo, produção ou manufatura da França estava sujeita. Mas no que se refere à maior parte das mercadorias, esses tributos equivalem a uma proibição de importação. Os franceses, por sua vez, assim creio, trataram nossas mercadorias e manufaturas com a mesma rigidez, embora eu não esteja muito familiarizado com os embaraços específicos que eles impuseram sobre elas. Essas restrições recíprocas puseram um fim a quase todo o comércio legal entre as duas nações, e os contrabandistas são agora os principais importadores, seja de mercadorias britânicas para a França, seja de mercadorias francesas para a Grã-Bretanha. Os princípios que examinei nos capítulos anteriores originam-se no interesse privado e no espírito de monopólio; os que vou examinar neste capítulo, no preconceito e na animosidade. Eles são, de acordo com isso, e como se poderia esperar, ainda mais irracionais. E é isso que são, mesmo conforme os princípios do sistema comercial.

Em primeiro lugar, ainda que fosse certo que no caso de um comércio livre entre França e Inglaterra, por exemplo, a balança pendesse em favor da França, isso não quer dizer que, em consequência, esse comércio seria desvantajoso para a Inglaterra, ou que sua balança comercial como um todo se voltaria mais, por isso, contra ela. Se os vinhos da França são melhores e mais baratos do que os de Portugal, ou seus linhos mais baratos e melhores do que os da Alemanha, seria mais vantajoso para a Grã-Bretanha adquirir o vinho e o linho estrangeiro de que necessita da França do que de Portugal ou da Alemanha. Embora o valor da importação anual da França fosse assim muito aumentado, o valor de toda a importação anual seria reduzido, na proporção em que as mercadorias francesas da mesma qualidade sejam mais baratas do que as dos outros dois países. Esse seria o caso, mesmo na suposição de que todas as mercadorias francesas importadas fossem consumidas na Grã-Bretanha.

Mas, em segundo lugar, grande parte delas poderia ser exportada para outros países, onde, sendo vendidas com lucro, poderiam trazer talvez um retorno de igual valor ao custo original de todas as mercadorias francesas importadas. O que se tem dito com frequência do comércio com as Índias Orientais possivelmente poderia valer para os franceses: que, apesar de a maior parte das mercadorias das Índias Orientais ter sido comprada com ouro e prata, a reexportação de parte delas para outros países trouxe de volta para aquele que realizou o negócio uma soma maior de ouro e prata do que aquela que havia sido gasta com o preço de custo de todo o montante das mercadorias. Um dos ramos mais importantes do comércio holandês consiste atualmente no transporte de mercadorias francesas para outros países europeus. Até mesmo uma parte do vinho francês que se bebe na Grã-Bretanha é importada clandestinamente da Holanda e da Zelândia. Se houvesse um comércio livre entre a França e a Inglaterra, ou se as mercadorias francesas pudessem ser importadas pagando somente o mesmo tributo aduaneiro aplicado às outras nações europeias, que seria restituído se tais mercadorias fossem em seguida exportadas, a Inglaterra poderia ter algum quinhão do comércio que é tido como tão vantajoso para a Holanda.

Em terceiro e último lugar, não existe um critério claro pelo qual possamos determinar para que lado pende o que se chama de balança comercial entre dois países, ou que país tem a exportação de maior valor. Preconceito e animosidade de cunho nacional, sempre deslanchados por interesses privados de determinados comerciantes, são os princípios que geralmente direcionam nosso julgamento de todas as questões relativas a isso. Há dois critérios, no entanto, que com frequência têm sido invocados em tais situações: as tabelas aduaneiras e o curso do câmbio. As tabelas aduaneiras, creio, agora de conhecimento geral, são um critério muito incerto, por conta da inexatidão na atribuição do valor que é estimado para grande parte dessas mercadorias. Com o curso do câmbio talvez aconteça quase a mesma coisa.

Quando o câmbio entre dois lugares, como Londres e Paris, está ao par, diz-se isso como um sinal de que as dívidas de Londres com Paris são compensadas com o que é devido por Paris a Londres. Em caso contrário, quando em Londres se paga um prêmio por um título contra Paris, diz-se que isso é sinal de que as dívidas de Londres com Paris não são compensadas pelas de Paris com Londres, e que um valor de compensação em dinheiro deve ser enviado de Londres; sobre o qual, devido aos riscos, às dificuldades e às despesas para exportá-lo, esse prêmio é demandado e concedido. Mas o estado normal de débito e crédito entre os dois países deve necessariamente ser regulado, como se diz, pelo curso normal das negociações de um com o outro. Quando nenhum deles importa do outro um montante maior do que exporta para o outro, os débitos e créditos de cada um devem se compensar mutuamente. Mas quando um deles importa do outro um valor maior do que exporta para esse outro, o primeiro fica inevitavelmente endividado com o segundo numa quantia maior do que o segundo fica endividado com ele; os débitos e créditos não se compensam reciprocamente, e dinheiro tem de ser enviado daquele lugar no qual os débitos pesam na balança mais do que os créditos. O curso normal do câmbio, portanto, ao constituir uma indicação do estado normal de débito e crédito entre dois lugares, deve, da mesma forma, ser uma indicação do curso normal de suas exportações e importações, já que estas necessariamente regulam esse estado.

Mas embora o curso normal do câmbio possa ser tido como uma indicação suficiente do estado normal de débito e crédito entre dois lugares, daí não se segue que a balança comercial esteja favorável àquele lugar no qual o estado normal de débito e crédito esteja a seu favor. O estado normal de débito e crédito entre dois lugares nem sempre é inteiramente regulado pelo curso normal das negociações de um com o outro, mas com frequência é influenciado pelas negociações de um deles com outros lugares. Por exemplo, se for comum para os comerciantes da Inglaterra pagar pelas mercadorias que compram de Hamburgo, Danzig, Riga etc. por meio de títulos contra a Holanda, o estado normal de débito e crédito entre Inglaterra e Holanda não será inteiramente regulado pelo curso normal das negociações desses dois países um com o outro, mas será influenciado pelo curso normal das negociações da Inglaterra com esses outros lugares. A Inglaterra poderá ser obrigada a enviar todo ano dinheiro para a Holanda, embora suas exportações anuais para esse país possam exceder em muito o valor anual de suas importações vindas de lá; e embora também o que se chama de "balança comercial" possa ser muito favorável à Inglaterra.

Além disso, da maneira com que a paridade do câmbio tem sido até aqui computada, o curso normal do câmbio não oferece indicação suficiente de que o estado normal de débito e crédito esteja favorável àquele país que parece ter, ou que se supõe ter, o estado normal do câmbio favorável a ele; ou, em outras palavras, o câmbio real pode ser, e de fato é muitas vezes, tão diferente do que é computado que, em diversas ocasiões, não se pode tirar deste determinada conclusão concernente àquele.

Quando por uma quantia de dinheiro paga na Inglaterra, que contenha, de acordo com os padrões da casa da moeda inglesa, certo número de onças de prata pura, se recebe um título para uma quantia a ser paga na França, que contenha, de acordo com os padrões da casa da moeda francesa, um número equivalente de onças de prata pura, diz-se que o câmbio entre Inglaterra e França está ao par. Se se tem que pagar mais, supostamente se está pagando um prêmio e diz-se que o câmbio está desfavorável à Inglaterra e favorável à França. Quando se paga menos, presume-se que se está obtendo um prêmio, e o câmbio é dito desfavorável à França e favorável à Inglaterra.

Mas, em primeiro lugar, não podemos considerar sempre o valor da moeda corrente em diferentes países pelo padrão de suas respectivas casas da moeda. Em alguns é mais e em outros menos desgastado, reduzido ou, de alguma outra forma, corrompido em relação a seu padrão. Porém o valor da moeda corrente de cada país, comparado com o de qualquer outro país, não é proporcional à quantidade de prata pura que ela deva conter, e sim à que realmente contém. Antes da reforma da moeda de prata no tempo do rei Guilherme, o câmbio entre a Inglaterra e a Holanda, computado da maneira usual, de acordo com os padrões das respectivas casas da moeda, era desfavorável à Inglaterra na razão de 25%. Mas o valor da moeda corrente da Inglaterra, como aprendemos com o sr. Lowndes, estava nessa época mais de 25% abaixo de seu valor padrão. O câmbio real, portanto, poderia nessa época estar até mesmo favorável à Inglaterra, não obstante o câmbio computado ser-lhe tão desfavorável; uma quantidade menor de onças de prata pura paga efetivamente na Inglaterra poderia adquirir um título de uma quantidade maior de onças de prata pura a ser paga na Holanda, e aquele que supostamente estaria dando o prêmio, na realidade o estaria recebendo. A moeda francesa era, antes da última reforma da moeda-ouro inglesa, muito menos desgastada do que a inglesa, e estava, talvez, 2% ou 3% mais próxima de seu padrão. Se o câmbio computado com a França, portanto, não estava mais do que 2% ou 3% desfavorável à Inglaterra, o câmbio real poderia estar a seu favor. Desde a reforma da moeda-ouro, o câmbio tem sido constantemente favorável à Inglaterra e desfavorável à França.

Em segundo lugar, em alguns países, a despesa com a cunhagem é custeada pelo governo; em outros, pelas pessoas privadas que levam seus lingotes à casa da moeda, e o governo até aufere alguma receita da cunhagem. Na Inglaterra, ela é custeada pelo governo, e se alguém leva uma libra-peso de prata padrão à casa da moeda, recebe de volta 62 xelins, que têm o valor correspondente a uma libra-peso de prata padrão. Na França, uma taxa de 8% é deduzida para a cunhagem, que não só custeia sua despesa, mas também permite que o governo obtenha uma pequena receita. Na Inglaterra, como não se paga pela cunhagem, a moeda corrente nunca pode ser mais valiosa que a quantidade de lingotes de prata que ela realmente contém. Na França, o trabalho da cunhagem, sendo pago, é adicionado ao valor, assim como a arte de lavrar a prata é acrescida ao valor da prata lavrada. Uma quantia de dinheiro francês, portanto, que contém certo peso de prata pura, vale mais do que uma quantia de dinheiro inglês que contém o mesmo peso de prata pura, e requer mais lingotes, ou outro artigo, para adquiri-la. Portanto, embora as moedas correntes dos dois países estivessem igualmente próximas dos padrões de suas respectivas casas da moeda, uma quantia de dinheiro inglês dificilmente poderia comprar uma quantia de dinheiro francês que contém uma quantidade igual de onças de prata pura, nem, consequentemente, um título francês com valor correspondente à mesma quantia. Se por tal título não for pago um dinheiro adicional suficiente para compensar a despesa da cunhagem francesa, o câmbio real poderia estar a par entre os dois países, e seus débitos e créditos poderiam estar se compensando mutuamente, enquanto o câmbio computado estaria consideravelmente favorável à França. Se for pago menos que isso, o câmbio real poderia estar favorável à Inglaterra, enquanto o computado estaria favorável à França.

Em terceiro e último lugar, em alguns lugares, como em Amsterdam, Hamburgo, Veneza etc., títulos de câmbio estrangeiros são pagos no que se chama "moeda bancária", enquanto em outros lugares, como em Londres, Lisboa, Antuérpia, Livorno etc., são pagos na moeda corrente comum do país. A moeda bancária vale sempre mais do que a mesma quantia nominal de moeda corrente. Mil florins no Banco de Amsterdam, por exemplo, têm mais valor do que mil florins em moeda corrente de Amsterdam. A diferença entre eles é chamada de ágio bancário, o qual, em Amsterdam, é em geral de 5%. Supondo que as moedas correntes dos dois países estão igualmente próximas do padrão de suas respectivas casas da moeda, e que um paga seus títulos estrangeiros com sua moeda corrente, enquanto o outro os paga com moeda bancária, é evidente que o câmbio computado deve ser favorável àquele que paga com moeda bancária, embora o câmbio real possa ser favorável àquele que paga com moeda corrente. E assim o é pela mesma razão que o câmbio computado pode ser favorável àquele que paga com uma moeda melhor, ou seja, com uma moeda que está mais próxima de seu próprio padrão, embora o câmbio real possa estar favorável àquele que paga com moeda corrente. O câmbio computado, antes da última reforma da moeda-ouro, esteve geralmente desfavorável a Londres em relação a Amsterdam, Hamburgo, Veneza e, creio, a todos os outros lugares que pagam com o que se chama moeda bancária. Isso não quer dizer, no entanto, que o câmbio real lhe era desfavorável. Desde a reforma da moeda-ouro, ele tem sido favorável a Londres mesmo em relação a esses lugares. O câmbio computado tem sido geralmente favorável a Londres em relação a Lisboa, Antuérpia, Livorno e, excetuando a França, creio, em relação também à maioria das outras partes da Europa que pagam com moeda corrente; e não é improvável que com o câmbio real aconteça o mesmo.

[...]

II
Da irracionalidade dessas restrições extraordinárias com base em outros princípios

Na parte anterior deste capítulo, empenhei-me em demonstrar, mesmo considerando os princípios do sistema comercial, como é desnecessário aplicar restrições extraordinárias à importação de mercadorias dos países em relação aos quais se supõe que a balança comercial seja desfavorável.

Nada, no entanto, pode ser mais absurdo do que toda essa doutrina da balança comercial, sobre a qual se fundamentam não somente essas restrições, mas quase todas as demais regulações do comércio. Quando dois lugares comerciam um com o outro, assim pressupõe a doutrina, se a balança comercial for equilibrada, nenhum deles ganha ou perde; mas se o comércio se inclina em qualquer grau para um dos lados, um perde e o outro ganha proporcionalmente ao desvio do equilíbrio exato. Ambas as suposições são falsas. Como tentarei demonstrar a seguir, um comércio que é forçado por meio de subsídios e monopólios pode ser, e comumente é, desvantajoso para o país que pensou estar se beneficiando com tais medidas. Mas o comércio que, sem pressão ou constrangimento, é conduzido natural e regularmente entre dois lugares é sempre vantajoso para os dois, embora nem sempre de maneira equivalente.

Por vantagem ou ganho entendo não o aumento da quantidade de ouro e prata, mas o do valor de troca do produto anual da terra e da mão de obra do país, ou seja, o aumento da receita anual de seus habitantes.

Se a balança comercial estiver equilibrada, e se o comércio entre os dois lugares consistir inteiramente na troca de seus produtos nativos, então, na maioria das vezes, não só ganharão os dois, mas ganharão de maneira igual, ou quase igual; cada um, neste caso, oferecerá um mercado para uma parte da produção excedente do outro; cada um vai repor um capital que havia sido aplicado em desenvolver e preparar para o mercado essa parte do produto excedente do outro, e que foi distribuída entre certo número de seus habitantes, sendo propiciados a eles receita e sustento. Uma parte dos habitantes de cada um desses lugares, portanto, indiretamente obterá sua receita e seu sustento do outro. Assim como os produtos trocados também têm valores iguais, como se supõe, então os dois capitais empregados no comércio serão, na maioria das vezes, equivalentes, ou quase equivalentes; e sendo os dois capitais aplicados para promover os produtos nativos dos dois países, a receita e o sustento que sua distribuição propicia aos habitantes de cada um também serão equivalentes, ou quase equivalentes. Essa receita e esse sustento, assim reciprocamente propiciados, serão maiores ou menores em proporção à extensão de seus negócios. Se eles montarem a 100 mil libras anuais, por exemplo, ou a 1 milhão em cada lado, cada um deles propiciará, num caso, uma receita anual de 100 mil libras para os habitantes do outro lado, e, no outro caso, uma receita de 1 milhão.

Se seu comércio fosse de natureza tal que um deles exportasse para o outro nada mais que produtos nativos, enquanto o que viesse em retorno do outro consistisse inteiramente em mercadorias estrangeiras, a balança comercial, nesse caso, seria ainda considerada equilibrada, produtos sendo pago com produtos. Nesse caso, também, ambos ganhariam, mas seus ganhos não seriam equivalentes, e os habitantes do país que exportasse nada além de produtos nativos obteriam desse comércio a maior receita. Se a Inglaterra, por exemplo, importasse da França nada além de produtos nativos daquele país, e não dispondo de produtos próprios que tivessem demanda lá, teria de pagá-los enviando grande quantidade de mercadorias estrangeiras, tabaco, supõe-se, e mercadorias das Índias Orientais; esse comércio, embora propiciasse alguma receita aos habitantes de ambos os países, propiciaria mais para os da França do que para os da Inglaterra. Todo o capital francês nele empregado a cada ano seria distribuído anualmente entre o povo da França. Mas só aquela parte do capital inglês empregado na produção dos artigos ingleses com os quais se adquiriram as mercadorias estrangeiras seria distribuída anualmente para o povo da Inglaterra. A maior parte dele reporia os capitais que foram aplicados na Virgínia, no Industão e na China, e que teriam propiciado receita e sustento aos habitantes desses países longínquos. Portanto, se os capitais forem equivalentes, ou quase equivalentes, o capital francês aumentaria muito mais a receita do povo da França do que o capital inglês aumentaria a receita do povo da Inglaterra. Nesse caso, a França estaria fazendo um comércio exterior de consumo diretamente com a Inglaterra; enquanto a Inglaterra estaria fazendo um comércio do mesmo tipo, mas indireto, com a França. Os diferentes efeitos de um capital empregado num comércio exterior direto de bens de consumo e de um outro empregado num comércio exterior indireto de bens de consumo já foram totalmente explicados.

Provavelmente não há entre dois países um comércio que consista ele todo na troca ou de produtos nativos de ambos os lados ou de produtos nativos de um lado e mercadorias estrangeiras do outro. Quase todos os países trocam entre si mercadorias em parte nativas, em parte estrangeiras. Aquele país, no entanto, em cujos carregamentos houve uma maior proporção de mercadorias nativas, e menor de estrangeiras, será sempre o que mais vai ganhar.

Se a Inglaterra pagasse pelos produtos que importa anualmente da França não com tabaco e mercadorias das Índias Orientais, mas com ouro e prata, a balança comercial, nesse caso, seria considerada desequilibrada, pois produtos não estariam sendo pagos com produtos, mas com ouro e prata. Nesse caso, porém, como no anterior, o comércio propiciaria alguma receita aos habitantes de ambos os países, embora mais para os da França do que para os da Inglaterra. O capital investido na produção das mercadorias inglesas com as quais se adquiriu esse ouro e essa prata, capital que foi distribuído entre certos habitantes da Inglaterra e lhes propiciou renda, seria assim reposto e permitiria que se continuasse o empreendimento. O capital total da Inglaterra não seria mais reduzido por essa exportação de ouro e prata do que pela exportação de um valor equivalente de quaisquer outras mercadorias. Ao contrário, na maioria dos casos ele aumentaria. Não é exportada nenhuma mercadoria a não ser aquelas cuja demanda seja supostamente maior no estrangeiro do que em seu país, e das quais o retorno, consequentemente, como se espera, terá mais valor no país do que os produtos exportados. Se o tabaco, que na Inglaterra vale apenas 100 mil libras, for enviado à França para adquirir vinho, que na Inglaterra vale 110 mil libras, essa permuta vai igualmente aumentar o capital da Inglaterra em 10 mil libras. Se 100 mil libras de ouro inglês, da mesma maneira, adquirirem vinho francês, que na Inglaterra vale 110 mil libras, essa permuta vai igualmente aumentar o capital da Inglaterra em 10 mil libras. Assim como um comerciante que tem em sua adega vinho no valor de 110 mil libras é um homem mais rico do que aquele que tem em seu depósito tabaco no valor de apenas 100 mil libras, ele é também, similarmente, um homem mais rico do que aquele que tem em seu cofre ouro no valor de apenas 100 mil libras. Ele pode pôr em ação uma quantidade maior de indústria, e propiciar receita, sustento e emprego a um maior número de pessoas do que qualquer um dos outros dois. Mas o capital do país é igual à soma dos capitais de seus diversos habitantes, e a quantidade de indústria que nele pode ser mantida anualmente é igual àquela que a soma de todos os diversos capitais pode manter. Assim, tanto o capital do país como a quantidade de indústria que nele pode ser mantida a cada ano devem geralmente ser aumentados com essa permuta. De fato, seria mais vantajoso para a Inglaterra se ela pudesse adquirir os vinhos da França com seus próprios artefatos e tecidos do que com o tabaco da Virgínia ou o ouro e a prata do Brasil e do Peru. Um comércio exterior direto de bens de consumo é sempre mais vantajoso do que um indireto. Mas um comércio exterior indireto de bens de consumo, que é feito por meio de ouro e prata, não parece ser menos vantajoso do que qualquer outro igualmente indireto. Da mesma forma, um país que não dispõe de minas não estaria mais suscetível de ser exaurido em seu ouro e sua prata por causa da exportação anual desses metais do que um que não cultiva tabaco o estaria pela exportação anual dessa planta. Assim como um país que tem recursos para comprar tabaco nunca ficará por muito tempo carente dele, também não ficará por muito tempo carente de ouro e prata aquele que tiver recursos para comprar esses metais.

É um comércio no qual sempre se perde, diz-se, aquele que um trabalhador mantém com uma cervejaria; e que o comércio que uma nação manufatureira mantém com um país de vinhos pode ser considerado um negócio dessa mesma natureza. Respondo que o comércio com a cervejaria não é necessariamente um negócio que dá prejuízo. Em sua natureza própria, ele é tão vantajoso quanto qualquer outro, embora talvez mais sujeito a abusos. A ocupação de um cervejeiro, e até mesmo de um varejista de bebidas alcoólicas fermentadas, é uma divisão de trabalho tão necessária quanto quaisquer outras. Em geral, será mais vantajoso para o trabalhador comprar do cervejeiro a quantidade que se lhe enseja do que fabricá-la ele mesmo, e se for um trabalhador pobre, geralmente lhe será mais vantajoso comprar pouco a pouco do varejista do que uma grande quantidade do cervejeiro. Ele pode sem dúvida acabar comprando em demasia de um ou de outro, assim como poderia fazê-lo de quaisquer outros comerciantes de sua vizinhança, do açougueiro, se for um glutão, ou do vendedor de tecidos, se gosta de se mostrar elegante a seus camaradas. Não obstante, é vantajoso para a maioria dos trabalhadores que todos esses comércios sejam livres, ainda que essa liberdade possa dar lugar a abusos em todos eles, e talvez provavelmente mais em uns do que em outros. Embora, a par disso, indivíduos isolados possam arruinar suas fortunas com um consumo excessivo de bebidas alcoólicas fermentadas, parece não haver nenhum risco de que um país faça a mesma coisa. Embora em cada país haja muita gente que gaste nessas bebidas mais do que se poderia permitir, sempre há muito mais gente que gasta menos. Deve ser ressaltado que, com base na experiência, a barateza do vinho parece ser causa não de embriaguez, mas de sobriedade. Os habitantes dos países que produzem vinho são em geral as pessoas mais sóbrias da Europa; disso são testemunhas os espanhóis, os italianos e os habitantes das províncias meridionais da França. Essas pessoas raramente incorrem em excessos em sua faina diária. Ninguém vai comprometer o caráter da liberalidade e da boa camaradagem abusando de uma bebida que é tão barata quanto uma cerveja pequena. Ao contrário, nos países que, por causa de calor ou frio excessivo, não produzem uvas, e onde o vinho é consequentemente mais caro e raro, a embriaguez é um vício comum, como entre as nações do Norte e todas aquelas que vivem entre os trópicos, como, por exemplo, os negros da costa da Guiné. Quando um regimento francês vem de algumas províncias do norte da França, onde o vinho é um tanto caro, para se aquartelar no sul, onde é muito barato, os soldados, como frequentemente tenho ouvido e observado, se corrompem no início com a barateza e a novidade de um bom vinho; mas após alguns meses de residência, a maior parte deles se torna tão sóbria quanto o resto dos habitantes. Se as taxas aduaneiras sobre vinhos estrangeiros e os impostos sobre malte, cerveja e cerveja *ale* fossem retirados de uma só vez, isso poderia ocasionar na Grã-Bretanha, da mesma forma, uma bela bebedeira geral e temporária entre as classes média e baixa da população, o que provavelmente seria logo seguido de uma permanente e quase universal sobriedade. No momento, a embriaguez não é de modo algum o vício das pessoas da alta sociedade, nem daqueles que se podem permitir as bebidas mais caras. É muito raro ver entre nós um cavalheiro embriagado de cerveja *ale*. Além disso, as restrições impostas ao comércio de vinho na Grã-Bretanha não parecem ter sido concebidas, se assim posso dizer, para impedir as pessoas de irem à cervejaria de *ale* mais do que impedi-las de irem aonde possam comprar a melhor e mais barata das bebidas. Elas favorecem o comércio de vinho com Portugal e desestimulam o comércio com a França. Os portugueses, diz-se, são de fato melhores clientes de nossas manufaturas do que os franceses, e devem, portanto, ter esse estímulo de preferência. Como nos isentam de sua aduana, assim se pretende, devemos isentá-los da nossa. As furtivas artimanhas de comerciantes subalternos são assim erigidas em máximas políticas para a condução de um grande império: pois é apenas o mais subalterno dos comerciantes que faz disso uma regra a ser usada principalmente em relação a seus próprios clientes. Um grande comerciante adquire suas mercadorias sempre onde elas são mais baratas e melhores, sem atentar para interesses menores desse tipo.

É com máximas desse tipo, no entanto, que se tem ensinado às nações que seu interesse consiste em empobrecer todos os seus vizinhos. Cada nação foi condicionada a ver com olhos invejosos a prosperidade de todas as nações com as quais ela comercia, e a considerar o ganho delas como seu próprio prejuízo. O comércio, que naturalmente deveria ser um fator de união e amizade entre as nações, assim como entre os indivíduos, tornou-se a mais fértil fonte de divergência e animosidade. A caprichosa ambição de reis e de ministros não tem sido, no século atual e no passado, mais fatal para a tranquilidade da Europa do que o ciúme impertinente de comerciantes e manufatores. A violência e a injustiça dos governantes da humanidade são um mal antigo, para o qual, temo, a natureza dos interesses humanos dificilmente admitirá um remédio. Mas embora talvez não se possam corrigir a capacidade mesquinha e o espírito monopolizador de comerciantes e manufatores, que não são e nem deveriam ser os governantes da humanidade, eles podem facilmente ser impedidos de perturbar a tranquilidade de qualquer um, exceto a deles mesmos.

Não há dúvida de que foi o espírito do monopólio que originalmente inventou e também propagou essa doutrina; e os que primeiro a ensinaram não foram de modo algum tão tolos quanto aqueles que nela acreditaram. Em cada país, sempre é e deve ser do interesse da maioria do povo comprar o que quer que deseje daqueles que o vendem mais barato. Essa proposição é tão evidente que parece ridículo fazer qualquer esforço para prová-la; nem poderia jamais ter sido questionada, não tivesse a sofística interesseira de comerciantes e manufatores confundido o bom senso da humanidade. O interesse deles é, com relação a isso, diretamente oposto ao da grande maioria do povo. Assim como o interesse dos membros livres de uma corporação é evitar que o restante dos habitantes empregue quaisquer trabalhadores a não ser eles mesmos, também é do interesse de comerciantes e manufatores de cada país garantir para si mesmos o monopólio do mercado interno. Daí, na Grã-Bretanha e na maioria dos países europeus, os extraordinários tributos aduaneiros sobre quase todas as mercadorias importadas por comerciantes estrangeiros. Daí as elevadas taxas alfandegárias e proibições sobre todas as manufaturas estrangeiras que possam competir com as nossas. Daí, também, as extraordinárias restrições sobre a importação de quase todos os tipos de mercadoria dos países com os quais a balança comercial seja supostamente desvantajosa, isto é, daqueles em relação aos quais a animosidade nacional se mostre a mais violentamente inflamada.

A riqueza de uma nação vizinha, porém, embora perigosa na guerra e na política, certamente é vantajosa no comércio. Num estado de hostilidade, ela pode permitir a nossos inimigos manter frotas e exércitos superiores aos nossos; mas num estado de paz e de comércio ela deve, da mesma forma, lhes permitir fazer conosco trocas num valor maior e oferecer um mercado melhor, seja para a produção imediata de nossa própria indústria, seja para o que quer que se adquira com essa produção. Assim como um homem rico provavelmente será para as pessoas industriosas em sua vizinhança um cliente melhor do que um homem pobre, assim também será, similarmente, uma nação rica. De fato, um homem rico que seja ele mesmo um manufator é um vizinho muito perigoso para todos que se ocupam da mesma maneira. Todo o resto da vizinhança, no entanto, de longe um número maior de pessoas, se beneficia do bom mercado que ele propicia com seu dispêndio. Eles até se beneficiam com sua venda a preço reduzido para os trabalhadores mais pobres, que se ocupam da mesma maneira que ele. Os manufatores de uma nação rica, do mesmo modo, podem sem dúvida ser rivais muito perigosos para os de seus vizinhos. Essa competição em si, todavia, é vantajosa para a maior parte da população, que paralelamente aufere grandes benefícios do bom mercado que os grandes dispêndios de tal nação lhe propiciam em quase todos os outros aspectos. Pessoas privadas que querem fazer fortuna nunca pensam em se retirar para as províncias distantes e pobres do país, mas afluem ou para a capital ou para outra das grandes cidades comerciais. Elas sabem que onde circula pouca riqueza há pouco o que se obter, mas onde uma grande porção se movimenta, algum quinhão pode caber a elas. As mesmas máximas que dessa maneira condicionam o senso comum de um, dez ou vinte indivíduos, condicionariam a apreciação de 1 milhão, 10 milhões ou 20 milhões, e fariam com que uma nação inteira considerasse os ricos, entre seus vizinhos, como a provável causa e ensejo para que ela mesma obtenha riquezas. É mais provável que uma nação enriqueça com seu comércio exterior quando seus vizinhos são nações industriosas e comerciais. Uma grande nação cercada por todos os lados por selvagens nômades e bárbaros pobres pode, sem dúvida, obter riquezas pelo cultivo de suas próprias terras, e pelo seu próprio comércio interno, mas não por meio do comércio exterior. Parece que foi desse modo que os antigos egípcios e os chineses modernos obtiveram suas grandes riquezas. Os antigos egípcios, assim consta, negligenciaram o comércio exterior, e os chineses modernos, isso é sabido, o encararam com o maior desdém, e mal se dignaram a lhe oferecer uma decente proteção legal. As máximas modernas do comércio exterior, visando ao empobrecimento de todos os nossos vizinhos, tanto quanto são capazes de produzir o efeito desejado, tendem a tornar esse comércio algo muito insignificante e desprezível.

É em consequência dessas máximas que o comércio entre a França e a Inglaterra tem sido sujeito, em ambos os países, a tantos desestímulos e restrições. Se esses dois países, no entanto, levassem em conta seus verdadeiros interesses, sem rivalidade comercial ou animosidade nacional, o comércio com a França poderia ser mais vantajoso para a Grã-Bretanha do que aquele com qualquer outro país, e, pela mesma razão, assim seria para a França o comércio com a Grã-Bretanha. A França é o vizinho mais próximo da Grã-Bretanha. No comércio entre a costa sul da Inglaterra e as costas norte e noroeste da França, os retornos podem ser esperados, do mesmo modo que no comércio interno, quatro, cinco ou seis vezes por ano. Portanto, o capital empregado nesse comércio poderia, em cada um dos dois países, acionar quatro, cinco ou seis vezes mais a quantidade de indústria, e oferecer emprego e sustento a quatro, cinco ou seis vezes mais pessoas que um capital equivalente poderia obter na maior parte dos outros ramos do comércio exterior. Entre as partes da França e da Grã-Bretanha mais distantes uma da outra, poderiam ser esperados retornos pelo menos uma vez ao ano, e mesmo esse comércio poderia ser pelo menos tão igualmente vantajoso quanto a maior parte dos outros ramos de nosso comércio exterior com a Europa. Seria, pelo menos, três vezes mais vantajoso que o tão decantado comércio com nossas colônias norte-americanas, com as quais o retorno se dá raramente em menos de três anos, com frequência em não menos do que quatro ou cinco anos. Além do mais, supõe-se que a França tenha 24 milhões de habitantes.

Nossas colônias norte-americanas nunca devem ter tido mais de 3 milhões; e a França é um país muito mais rico do que a América do Norte, embora, por conta da distribuição mais desigual de riquezas, haja muito mais pobreza e mendicância no primeiro país do que no outro. A França, portanto, pode oferecer um mercado pelo menos oito vezes mais amplo e, levando em conta a maior frequência dos retornos, 24 vezes mais vantajoso do que aquele que nossas colônias norte-americanas puderam alguma vez oferecer. O comércio com a Grã-Bretanha seria na mesma medida vantajoso para a França, e, proporcionalmente à riqueza, à população e à proximidade dos respectivos países, teria essa mesma superioridade em relação ao que a França realiza com suas próprias colônias. Tal é a grande diferença entre esse comércio, que o entendimento das duas nações achou por bem desestimular, e aquele que ele mais buscou favorecer.

Mas essas mesmas circunstâncias que tornariam um comércio aberto e livre entre os dois países tão vantajoso para ambos suscitaram as principais obstruções a esse comércio. Sendo vizinhos, eles são necessariamente inimigos, e a riqueza e o poder de cada um, nesse contexto, parecem ao outro algo ainda mais formidável, e aquilo que poderia incrementar as vantagens de uma amizade entre nações serve apenas para insuflar a violência e a animosidade entre elas. Ambas são nações ricas e industriosas; e os comerciantes e manufatores de cada uma temem a concorrência do talento e da atividade dos da outra. A rivalidade mercantil se excita, e ambas insuflam a violência da animosidade nacional e são por ela insufladas; e os comerciantes de cada um dos dois países anunciaram, com toda a confiança passional de uma impostura interesseira, a ruína certa dos do outro, como consequência dessa balança comercial desfavorável, e a qual, assim pretendem, seria o inevitável efeito de um comércio sem restrições com o outro.

Não existe país mercantil na Europa cuja iminente ruína, a partir de uma balança comercial desfavorável, não tenha sido frequentemente prevista pelos pretensos doutores desse sistema. No entanto, depois de toda a ansiedade que eles provocaram sobre isso, depois de todas as vãs tentativas de quase todas as nações comerciais de reverter essa balança em seu próprio favor e contra o de seus vizinhos, não parece que qualquer das nações da Europa tenha, em qualquer aspecto, se empobrecido por causa disso. Ao contrário, cada cidade e país, na mesma proporção em que tenham aberto seus portos a todas as nações, em vez de se terem arruinado com esse comércio livre, como nos levariam a esperar os princípios do sistema comercial, foram enriquecidos por ele. Embora haja na Europa, de fato, umas poucas cidades que em alguns aspectos merecem ser chamadas de portos francos, não existe nenhum país que o mereça. A Holanda talvez seja de todos o que mais se aproxima de ter tal caráter, embora ainda muito distante dele; e a Holanda, como é sabido, não obtém somente toda a sua riqueza, mas uma grande parte de sua necessária subsistência, do comércio exterior.

Na verdade há um outro equilíbrio, que já foi explicado, muito diferente do da balança comercial, e que, dependendo de ser favorável ou desfavorável, ocasiona necessariamente a prosperidade ou o declínio de cada nação. É o equilíbrio entre a produção e o consumo anuais. Já se observou que se o valor de troca do produto excede o do consumo, o capital da sociedade deve aumentar anualmente na proporção desse excesso. A sociedade, nesse caso, vive dentro dos limites de sua receita, e o que se economiza por ano dessa receita é sem dúvida adicionado a seu capital e empregado de modo a aumentar ainda mais a produção. Se o valor de troca da produção anual, ao contrário, é menor do que o do consumo anual, o capital da sociedade inevitavelmente diminui na proporção dessa deficiência. O dispêndio da sociedade nesse caso excede sua receita, e forçosamente consome seu capital. Seu capital, portanto, deve necessariamente decair, e junto com ele o valor de troca da produção anual de sua indústria.

Esse equilíbrio entre produção e consumo é totalmente diferente daquele que é chamado de balança comercial. Ele pode ocorrer numa nação que não praticou comércio exterior e que esteve completamente isolada de todo o mundo. Pode ocorrer em todo o globo terrestre, cuja riqueza, população e progresso podem estar gradualmente aumentando ou decaindo.

O equilíbrio entre produção e consumo pode estar constantemente favorável a uma nação, embora o que se chama de balança comercial esteja geralmente contra ela. Uma nação pode importar num valor maior do que o que ela exporta durante, talvez, um meio século inteiro; o ouro e a prata que nela entram durante todo esse tempo podem ser inteira e imediatamente enviados para fora dela; sua moeda circulante pode ir se desvalorizando pouco a pouco, com diferentes tipos de papel-moeda sendo adotados em sua substituição, e até mesmo as dívidas que ela contrai com as principais nações com as quais negocia podem ir aumentando gradualmente; e ainda assim sua riqueza real, ou seja, o valor de troca da produção anual de suas terras e de seu trabalho, pode, durante o mesmo período, ter aumentado em proporção muito maior.

[...]

6

Os sistemas agrícolas

Os sistemas agrícolas da economia política não vão requerer explanações tão longas como as que considerei necessárias dedicar ao sistema mercantil ou comercial.

Um sistema que represente a produção da terra como a única fonte de receita e de riqueza de cada país, até onde sei, nunca foi adotado por nação alguma, e atualmente só existe nas especulações de alguns homens de grande saber e grande ingenuidade na França. Não valeria a pena, decerto, examinar extensivamente os erros de um sistema que nunca causou, e provavelmente nunca causará, dano algum em qualquer parte do mundo. Vou tentar explicar, no entanto, tão claramente quanto possa, os grandes contornos desse sistema tão engenhoso.

O sr. Colbert, famoso ministro de Luís XIV, foi um homem probo, de grande industriosidade e detalhado conhecimento, de grande experiência e precisão na análise das contas públicas, e, para resumir, de muita habilidade em cada maneira adequada de introduzir método e ordem na coleta e no dispêndio da receita pública. Esse ministro, infelizmente, abraçou todos os preconceitos do sistema mercantil, que em sua natureza e essência é um sistema de restrição e regulação, e, tanto quanto pôde, raramente deixou de agradar ao laborioso e diligente homem de negócios, que se acostumou à regulamentação dos diversos departamentos de ministérios e ao estabelecimento das checagens e dos controles necessários para confinar cada um em sua própria esfera. Ele se empenhou em regulamentar a indústria e o comércio de um grande país pelo mesmo modelo com que se regulamentam os departamentos de um ministério; e em vez de permitir que cada pessoa buscasse seu próprio interesse a seu próprio modo, com base num plano liberal de igualdade, liberdade e justiça, esse ministro concedeu a certos setores da indústria privilégios excepcionais, enquanto sujeitou outros a restrições extraordinárias. Ele não estava apenas disposto, como outros ministros europeus, a dar maior estímulo à indústria das cidades do que à do campo; mas, para dar suporte à indústria das cidades, quis até mesmo deprimir e reprimir a do campo. Para baratear as provisões dos habitantes das cidades, e desse modo estimular os manufatores e o comércio exterior, proibiu totalmente a exportação de cereais, e assim excluiu a população campesina de todo mercado exterior para a (de longe) mais importante parte da produção de seu trabalho. Essa proibição, juntamente com as restrições impostas pelas antigas leis provinciais da França sobre o transporte de grãos de uma província para outra, e também com os tributos arbitrários e degradantes aplicados aos agricultores em quase todas as províncias, desestimulou e reprimiu a agricultura desse país num nível muito abaixo daquele que atingiria normalmente num solo tão fértil e num clima tão favorável. Esse estado de desestímulo e depressão foi sentido em maior ou menor grau em cada uma das diversas partes do país, e foram levantadas muitas perguntas e pesquisas concernentes a suas causas. Uma delas pareceu ser a preferência dada, pelas providências do sr. Colbert, mais ao trabalho das cidades do que ao do campo.

Quando se encurva demais uma barra em uma direção, diz o provérbio, para torná-la reta deve-se encurvá-

-la na mesma medida na outra direção. Os filósofos franceses, que propuseram o sistema que apresenta a agricultura como a única fonte da receita e da riqueza de qualquer país, parecem ter adotado essa máxima proverbial; e assim como no plano do sr. Colbert o trabalho nas cidades foi certamente supervalorizado em comparação com o do campo; no sistema deles, o trabalho nas cidades parece certamente ser subvalorizado.

Eles, os filósofos, dividem em três classes as diferentes categorias de pessoas que alguma vez se supõe terem contribuído de algum modo para a produção anual da terra e do trabalho do país. A primeira é a classe dos proprietários de terras. A segunda é a classe dos lavradores, arrendatários e trabalhadores rurais, aos quais eles honram com a peculiar denominação de classe produtiva. A terceira é a classe dos artesãos, manufatores e comerciantes, que eles se empenham em degradar com a humilhante denominação de classe estéril ou improdutiva.

A classe dos proprietários contribui para a produção anual com o dispêndio com o qual ocasionalmente eles possam arcar para o aprimoramento da terra, com as construções, drenagens, cercaduras ou outros melhoramentos que eles fazem ou custeiam, e graças aos quais os agricultores são capazes, com o mesmo capital, de atingir uma produção maior e, consequentemente, propiciar uma renda maior. Essa renda maior pode ser considerada como o juro ou lucro devido ao proprietário pela despesa de capital que ele assim empregou no aprimoramento de sua terra. Essas despesas são, nesse sistema, chamadas de "despesas fundiárias" (*dépenses foncières*).

Os cultivadores ou lavradores contribuem para a produção anual com o que nesse sistema é chamado de "despesas primárias" e "despesas anuais" (*dépenses primitives et dépenses annuelles*), com as quais eles arcam para o cultivo da terra. As despesas primárias consistem nos instrumentos de cultivo, no rebanho de gado, nas sementes e na manutenção da família do lavrador, de seus empregados e do gado durante pelo menos grande parte do primeiro ano de sua atividade, ou até que ele possa receber algum retorno da terra. As despesas anuais consistem nas sementes, no uso e desgaste dos instrumentos de cultivo e no sustento anual dos empregados do arrendatário e do gado, bem como de sua família, na medida em que qualquer parte dela possa ser considerada como servidores empregados no cultivo. A parte da produção da terra que fica com ele depois de pagar por seu arrendamento deveria ser suficiente, em primeiro lugar, para restituir-lhe, dentro de um prazo razoável, no mínimo durante o período de sua atividade, a totalidade de suas despesas primárias, junto com o lucro normal do capital, e, em segundo lugar, para ressarci-lo de suas despesas anuais, junto também com o lucro normal do capital. Esses dois tipos de despesa constituem os dois capitais que o arrendatário aplica no cultivo; e a menos que eles lhe sejam devolvidos regularmente, com um razoável lucro, ele não poderá levar avante sua aplicação a um mesmo nível de outras aplicações, mas, considerando seu próprio interesse, deve abandoná-la o mais cedo possível e buscar alguma outra. A parte da produção da terra que é assim necessária para possibilitar ao lavrador arrendatário a continuação de sua atividade devia ser considerada um fundo consagrado ao cultivo, de modo que se o proprietário da terra o infringir, estará necessariamente reduzindo a produção de sua própria terra, e em poucos anos impossibilitará ao lavrador arrendatário pagar não só essa renda extorsiva como até mesmo uma renda razoável que ele, se não fosse isso, poderia obter por sua terra. A renda que propriamente pertence ao proprietário da terra não é mais do que o produto líquido que resta depois de serem pagas, da maneira mais completa, todas as despesas necessárias que previamente se devem ter para obter o produto bruto, ou seja, a produção total. É porque o trabalho dos cultivadores, mais do que pagar inteiramente todas essas necessárias despesas, propicia uma produção líquida desse tipo, e é por isso que essa classe de gente é, nesse sistema, peculiarmente distinguida com a honorável denominação de classe produtiva. Pela mesma razão, suas despesas primárias e anuais são chamadas, nesse sistema, de despesas produtivas, porque, mais do que repor seu próprio valor, elas propiciam a reprodução anual desse produto líquido.

As assim chamadas despesas fundiárias, ou seja, o que o proprietário da terra aplica para o aprimoramento de suas terras, são também, nesse sistema, honradas com a denominação de despesas produtivas. Até que todas essas despesas, com os lucros normais do capital, tenham sido inteiramente restituídas a ele pelo aluguel antecipado que recebe por sua terra, esse aluguel antecipado deveria ser considerado sagrado e inviolável, tanto pela Igreja como pelo rei; não deveria ser sujeito a dízimo nem a imposto. De outro modo, ao desestimular o melhoramento da terra, a Igreja está desestimulando o futuro aumento de seus próprios dízimos, e o rei, o futuro aumento de seus próprios impostos. Como num bem organizado estado de coisas, portanto, essas despesas fundiárias, muito além de reproduzir completamente seu próprio valor, acarretam também, depois de certo tempo, a reprodução de um produto líquido; elas são, nesse sistema, consideradas despesas produtivas.

No entanto, as despesas fundiárias do proprietário da terra, as despesas primárias e as anuais do lavrador são os únicos três tipos de despesas consideradas produtivas nesse sistema. Todas as outras despesas e todas as outras categorias de gente, mesmo aquelas que na percepção comum das pessoas são vistas como as mais produtivas, são, nessa maneira de ver as coisas, totalmente estéreis e improdutivas.

Os artesãos e os manufatores em particular, cuja indústria, na percepção comum das pessoas, aumenta tanto o valor do produto bruto da terra, são representados nesse sistema como uma classe de gente totalmente estéril e improdutiva. Seu trabalho, diz-se, apenas repõe o capital que os emprega, juntamente com seus lucros normais. Esse capital consiste nos materiais, nas ferramentas e nos ordenados adiantados a eles por seu empregador; é o fundo destinado a seu emprego e manutenção. Seu lucro é o fundo destinado à subsistência de seu empregador. E seu empregador, adiantando-lhes o estoque de materiais, as ferramentas e os ordenados necessários para seu emprego, do mesmo modo está adiantando a si mesmo o que é necessário para sua própria subsistência, e essa subsistência ele geralmente põe em proporção ao lucro que espera obter do preço do trabalho deles. Se esse preço não lhe repuser o sustento que ele adianta a si mesmo, assim como os materiais, ferramentas e ordenados que adianta a seus trabalhadores, ele evidentemente não lhe reporá o total de despesas com que ele arca para isso. O lucro do capital da manufatura não é, portanto, como ocorre no arrendamento da terra, um produto líquido que resta depois de se repor completamente toda a despesa com que se tem de arcar para obtê-lo. O capital do lavrador arrendatário lhe rende um lucro, assim como o do dono da manufatura; e, da mesma forma, produz renda para outra pessoa, o que o do dono da manufatura não faz. Desse modo, a despesa concernente ao emprego e à manutenção de artesãos e manufatores não faz mais do que manter, se assim se pode dizer, a existência de seu próprio valor, e não produz nenhum valor novo. É, portanto, uma despesa completamente estéril e improdutiva. A despesa concernente ao emprego de agricultores arrendatários e trabalhadores rurais, muito mais do que manter a existência de seu próprio valor, produz um valor novo, a renda do proprietário da terra. É, assim, uma despesa produtiva.

O capital mercantil é tão estéril e improdutivo quanto o capital da manufatura. Ele apenas mantém a existência de seu próprio valor, sem produzir qualquer valor novo. Seus lucros são apenas a restituição da subsistência que seu aplicador adianta a si mesmo durante o período em que ele o está aplicando, ou até que receba seu retorno. São apenas a restituição de parte do dispêndio com que se deve arcar ao aplicá-lo.

O trabalho de artesãos e manufatores nunca acrescenta nada ao valor de todo o montante anual do produto bruto da terra. Ele de fato se soma, acrescentando muito ao valor de algumas partes específicas dele. Mas o consumo de outras partes que nesse meio-tempo ele ocasiona é precisamente igual ao valor que ele adiciona àquelas partes específicas, de modo que o valor de todo o montante não é, em nenhum momento, minimamente aumentado por ele. A pessoa que trabalha a renda num par de finos rufos, por exemplo, algumas vezes fará o valor de um pence de fio de linho subir para trinta libras esterlinas. Mas embora à primeira vista ela pareça com isso estar multiplicando uma parte da produção bruta 7200 vezes, na realidade não está acrescentando nada ao valor de todo o montante anual da produção bruta. A elaboração dessa renda lhe custa talvez dois anos de trabalho. As trinta libras que esse artesão ou manufator obtém por esse trabalho quando o termina não é mais que a restituição de subsistência que ele adiantou para si mesmo durante os dois anos em que se ocupou disso. O valor que a cada dia, mês ou ano de trabalho ele adiciona ao fio de linho não faz mais do que substituir o valor de seu próprio consumo durante aquele dia, mês ou ano. Em nenhum momento, portanto, ele acrescenta qualquer coisa a todo o montante anual da produção bruta da terra: a porção dessa produção que é consumida continuamente é sempre igual ao valor que ele está continuamente produzindo. A extrema pobreza da maior parte das pessoas empregadas nessa dispendiosa porém trivial manufatura pode nos convencer de que o preço por seu trabalho não excede, comumente, o valor de sua subsistência. Não é este o caso do trabalho dos agricultores arrendatários e trabalhadores rurais. A renda do proprietário da terra é um valor que, em geral, está produzindo continuamente, muito mais do que substituindo, da maneira mais completa, todo o consumo, toda a despesa aplicada no emprego e manutenção tanto dos trabalhadores quanto de seu empregador.

Artesãos, manufatores e comerciantes podem aumentar a receita e a riqueza de sua sociedade só muito parcimoniosamente; ou, como na expressão usada nesse sistema, por meio de privação, isto é, privando a si mesmos de uma parte dos fundos destinados à sua própria subsistência. Eles não reproduzem anualmente nada além desses fundos. Portanto, a menos que economizem a cada ano alguma parte dos fundos, a menos que se privem anualmente de usufruir de alguma parte deles, a receita e a riqueza de sua sociedade nunca poderão ser aumentadas no mais mínimo grau por meio de sua atividade. Agricultores arrendatários e trabalhadores rurais, ao contrário, podem usufruir completamente de todos os fundos destinados à sua própria subsistência, e ainda aumentar ao mesmo tempo a receita e a riqueza de sua sociedade. Muito mais do que o destinado à sua própria subsistência, sua atividade proporciona a cada ano um produto líquido, cujo aumento faz necessariamente crescer a receita e a riqueza de sua sociedade. Portanto, nações que consistem em grande medida de proprietários e cultivadores da terra, como a França ou a Inglaterra, podem se enriquecer com a atividade e com a fruição. Nações como a Holanda e Hamburgo, que, ao contrário, são compostas principalmente por comerciantes, artesãos e manufatores, só podem crescer por meio de parcimônia e privação. Assim como o interesse de nações tão circunstanciadas é muito diferente, também o é o caráter comum do povo: nestas últimas, estreiteza, mesquinhez e uma predisposição para o egoísmo, avessas a todo prazer e fruição social.

A classe improdutiva, a dos comerciantes, artesãos e manufatores, é mantida e empregada totalmente à custa das outras duas classes, a dos proprietários da terra e a dos seus cultivadores. Estes a suprem tanto com os materiais de seu trabalho quanto com o fundo de sua subsistência, com o grão e o gado que ela consome enquanto está empregada em seu trabalho. Os proprietários e os cultivadores pagam finalmente tanto os ordenados de todos os trabalhadores das classes improdutivas quanto os lucros de todos os seus empregadores. Esses trabalhadores e seus empregadores são propriamente os servidores, os criados dos proprietários e dos cultivadores. Apenas são servidores que trabalham do lado de fora, enquanto criados domésticos trabalham do lado de dentro. Tanto uns como outros, no entanto, são mantidos de igual modo à custa dos mesmos senhores. O trabalho de ambos é igualmente improdutivo. Não acrescenta nada ao valor da soma total do produto bruto da terra. Em vez de aumentar o valor dessa soma total, representam um encargo e uma despesa pela qual se deve pagar por meio dela.

A classe improdutiva, no entanto, não só é útil, como muito útil às duas outras classes. Por meio da atividade de comerciantes, artesãos e manufatores, os proprietários de terra e cultivadores podem adquirir as mercadorias estrangeiras e os produtos manufaturados de seu próprio país de que precisem, usando para isso a produção de uma quantidade muito menor de seu próprio trabalho do que seriam obrigados a empregar se tentassem, de modo desastrado e com imperícia, importar o primeiro ou fabricar o outro para seu próprio uso. Por meio da classe improdutiva, os cultivadores estão liberados de muitos cuidados que, de outra maneira, iriam desviar sua atenção do cultivo da terra. A superioridade da produção que, em consequência a essa atenção não dividida, são capazes de atingir é inteiramente suficiente para pagar toda a despesa de manutenção e emprego que a classe improdutiva custa aos proprietários ou a eles mesmos. A atividade de comerciantes, artesãos e manufatores, embora improdutiva em sua própria natureza, ainda contribui indiretamente, dessa maneira, para aumentar a produção da terra. Ela aumenta a capacidade produtiva do trabalho ao deixá-lo em liberdade para se confinar à sua própria finalidade, que é o cultivo da terra; e, com frequência, o arado se faz melhor e mais facilmente graças ao trabalho de um homem cujo negócio está muito distante do arado.

Nunca poderá ser do interesse dos proprietários e dos cultivadores restringir ou desestimular em qualquer aspecto a atividade de comerciantes, artesãos e manufatores. Quanto maior a liberdade de que essa classe improdutiva usufrui, maior será a concorrência em todas as distintas atividades que a compõem, e mais barato sairá o suprimento das outras duas classes, seja com mercadorias estrangeiras, seja com produtos manufaturados de seu próprio país.

Nunca poderá ser do interesse da classe improdutiva oprimir as duas outras classes. É o excedente da produção da terra, ou o que resta depois de deduzida a manutenção, primeiro dos cultivadores, depois dos proprietários, que mantém e emprega a classe improdutiva. Quanto maior esse excedente, maiores serão a manutenção e o emprego dessa classe. O estabelecimento da perfeita justiça, da perfeita liberdade e da perfeita igualdade é o segredo muito simples que mais efetivamente garante o grau máximo de prosperidade para todas as três classes.

Os comerciantes, artesãos e manufatores desses Estados mercantis, que, como a Holanda e Hamburgo, consistem principalmente dessa classe improdutiva, são do mesmo modo mantidos como empregados à custa dos proprietários e cultivadores da terra. A única diferença é que esses proprietários e cultivadores estão, em sua grande maioria, localizados a uma distância muito inconveniente dos comerciantes, artesãos e manufatores, os quais eles suprem com materiais para seu trabalho e fundos para sua subsistência, que são os habitantes de outros países e súditos de outros governos.

Tais Estados mercantis, no entanto, não são apenas úteis, mas muitos úteis aos habitantes de outros países. Eles preenchem, em certa medida, uma lacuna bem importante e ocupam o lugar dos comerciantes, artesãos e manufatores que os habitantes daqueles países deviam encontrar em casa, mas onde, devido a uma falha de sua política, não encontram.

Nunca poderá ser do interesse desses países agrícolas, se assim posso chamá-los, desestimular ou prejudicar a atividade desses Estados mercantis impondo pesados tributos aduaneiros sobre seu comércio ou sobre as mercadorias que eles fornecem. Tais tributos, ao tornar essas mercadorias mais caras, servem apenas para fazer baixar o valor real da produção excedente de sua própria terra, com a qual, ou, o que vem a ser a mesma coisa, com cujo preço essas mercadorias são adquiridas. Tais impostos podem servir apenas para desestimular o incremento dessa produção excedente, e consequentemente a melhora e o cultivo de sua própria terra. Ao contrário, a medida mais efetiva para elevar o valor dessa produção excedente, para estimular seu incremento e, por conseguinte, a melhora e o cultivo de sua própria terra, seria outorgar a mais perfeita liberdade de comércio a essas nações mercantis.

Essa liberdade total de comércio seria até mesmo a medida mais efetiva para supri-las, no devido tempo, de todos os artesãos, manufatores e comerciantes de que necessitam em seu país, e para preencher da maneira mais apropriada e vantajosa essa lacuna muito importante de que se ressentem.

O aumento continuado da produção excedente de sua terra iria, no tempo devido, criar um capital maior do que o que poderia ser empregado, com a taxa comum de lucro, na melhora e no cultivo da terra; e essa parte excedente se voltaria naturalmente para o emprego de artesãos e manufatores no país. Mas esses artesãos e manufatores, encontrando aí os materiais de seu trabalho e o fundo para sua subsistência, poderiam imediatamente, mesmo com muito menos perícia e aptidão, estar capacitados para trabalhar por um custo tão baixo quanto os artesãos e manufatores que esses Estados mercantis teriam de trazer de uma grande distância. Mesmo que, por deficiência de perícia e aptidão, não pudessem por algum tempo ser capazes de trabalhar tão barato, ainda assim, ao encontrar um mercado em seu país, eles seriam capazes de lá vender seu trabalho por um valor tão baixo quanto os artesãos e manufatores desses Estados mercantis, os quais não poderiam ser trazidos a esse mercado a não ser de uma grande distância; e à medida que sua perícia e aptidão se aprimorassem, eles logo poderiam ser capazes de vender seu trabalho mais barato. Os artesãos e manufatores desses Estados mercantis, portanto, teriam de imediato concorrência no mercado dessas nações agrícolas, e logo depois teriam de vender seu trabalho mais barato e seriam totalmente alijados dele. O baixo custo das manufaturas desses países agrícolas, em consequência do aprimoramento gradual da perícia e da aptidão, iria, no devido tempo, estender suas vendas para além do mercado interno e levá-las a muitos mercados estrangeiros, dos quais eliminariam, do mesmo modo, muitas das manufaturas dessas nações mercantis.

O continuado aumento do produto bruto e do produto manufaturado dessas nações agrícolas criaria, no devido tempo, um capital maior do que aquele que, com a taxa normal de lucro, poderia ser empregado na agricultura e nas manufaturas. O excedente desse capital se voltaria naturalmente para o comércio exterior, e seria empregado em exportar para países estrangeiros aquela parte da produção agrícola e manufaturada de seu próprio país que excedesse a demanda do mercado interno. Na exportação da produção de seu próprio país, os comerciantes de um país agrícola teriam uma vantagem em relação à das nações mercantis do mesmo tipo daquela que seus artesãos e manufatores têm em relação aos artesãos e manufatores dessas nações: a vantagem de encontrar em casa o frete, os estoques e as provisões que os outros têm de buscar à distância. Com perícia e aptidão inferiores na navegação, já seriam capazes de vender esse frete tão barato nos mercados estrangeiros quanto os comerciantes dessas nações mercantis; e quando perícia e aptidão fossem equivalentes, poderiam vendê-lo mais barato. Em breve, portanto, concorreriam com essas nações mercantis nesse ramo do comércio exterior, e no devido tempo os eliminariam dele inteiramente.

De acordo com esse sistema liberal e generoso, portanto, o método mais vantajoso com que um país agrícola pode formar artesãos, manufatores e comerciantes próprios é garantindo a mais perfeita liberdade de comércio para artesãos, manufatores e comerciantes de outras nações. Isso faz aumentar o valor da produção excedente de sua própria terra, do qual o aumento continuado estabelece gradativamente um fundo, que no devido tempo faz surgir inevitavelmente os artesãos, manufatores e comerciantes necessários para tal.

Quando uma nação agrícola, ao contrário, oprime o comércio com nações estrangeiras por meio de altas taxas aduaneiras ou proibições, necessariamente prejudicará seu próprio interesse, e de duas diferentes maneiras. Em primeiro lugar, ao aumentar o preço de todas as mercadorias estrangeiras e de todos os tipos de manufaturas, está fazendo baixar obrigatoriamente o valor real da produção excedente de sua própria terra, com a qual, ou, o que vem a ser a mesma coisa, com o preço da qual ela adquire aquelas mercadorias e manufaturas estrangeiras. Em segundo lugar, ao propiciar uma espécie de monopólio no mercado interno a seus próprios comerciantes, artesãos e manufatores, está aumentando a taxa de lucro mercantil e de manufatura em proporção à do lucro agrícola, e, consequentemente, ou está retirando da agricultura uma parte do capital que antes era nela empregado, ou está impedindo que se encaminhe para ela uma parte do que, de outro modo, iria todo para ela. Essa política, portanto, desestimula a agricultura de duas maneiras distintas: a primeira é fazendo baixar o valor real de sua produção, e com isso reduzindo sua taxa de lucro; a segunda é elevando a taxa de lucro de todas as outras aplicações. A agricultura torna-se menos vantajosa, e o comércio e a manufatura tornam-se mais vantajosos do que seriam se não fosse isso; e cada pessoa é tentada, em seu próprio interesse, a desviar o mais que possa tanto de seu capital como de sua atividade daquela aplicação para estas.

Embora, por meio dessa política opressora, uma nação agrícola pudesse ser capaz de formar artesãos, manufatores e comerciantes um pouco antes do que poderia fazer pela liberdade de comércio — uma questão, todavia, que suscita não poucas dúvidas —, ainda assim os faria surgir prematuramente, se assim se pode dizer, e antes de a nação estar perfeitamente madura para isso. Ao fomentar com demasiada precipitação uma espécie de atividade, estaria debilitando outras formas de atividade mais valiosas. Ao fomentar com demasiada precipitação uma espécie de atividade que apenas repõe o capital que nela se emprega, juntamente com o lucro comum, estaria debilitando uma espécie de atividade que, muito mais do que repor o capital com seu lucro, propicia também uma produção líquida, uma renda livre para o proprietário da terra. Estaria debilitando o trabalho produtivo, ao incentivar com demasiada precipitação um trabalho que é totalmente estéril e improdutivo.

[...]

O maior e mais importante setor de comércio de toda nação, isso já foi mencionado anteriormente, é aquele que é conduzido entre os habitantes da cidade e os do campo. Os habitantes da cidade obtêm do campo o produto bruto que constitui os materiais para seu trabalho e o fundo de sua subsistência; e eles pagam por esse produto bruto enviando de volta ao campo certa porção dele manufaturada e preparada para o uso imediato. O comércio que é conduzido entre esses dois diferentes grupos de pessoas consiste, em última análise, em certa quantidade de produto bruto que é trocada por certa quantidade de produto manufaturado. Quanto mais caro o último, portanto, mais barato o primeiro; e, em qualquer país, o que quer que tenda a elevar o preço do produto manufaturado tende a baixar o do produto agrícola, e portanto a desestimular a agricultura. Quanto menor for a quantidade de produto manufaturado que qualquer determinada quantidade de produto agrícola, ou, o que vem a ser a mesma coisa, que o preço correspondente a qualquer determinada quantidade de produto agrícola é capaz de adquirir, menor será o valor de troca dessa quantidade determinada de produto agrícola e menor será o estímulo, seja o que terá o proprietário de terra para aumentar sua quantidade com melhorias, seja o que terá o lavrador arrendatário para cultivar a terra. Além disso, o que quer que tenda a diminuir, em qualquer país, o número de artesãos e manufatores, tenderá também a diminuir o mercado interno, que é o mais importante de todos os mercados para a produção agrícola, desestimulando com isso ainda mais a agricultura.

Portanto, esses sistemas que promovem a agricultura, priorizando-a em relação a todas as outras ocupações e impondo restrições sobre manufaturas e sobre o comércio exterior, estão agindo em direção contrária à do objetivo ao qual se propõem, e indiretamente estão desestimulando aquela espécie de atividade que pretendem promover. Até certo ponto, talvez, eles são ainda mais incoerentes do que o sistema mercantil. Este sistema, ao estimular manufaturas e comércio exterior mais do que agricultura, desvia certa porção do capital da sociedade do suporte a espécies de atividade mais vantajosas para o suporte a espécies de atividade menos vantajosas. Mas, afinal, ele ainda realmente estimula aquelas espécies de atividade que pretende fomentar. Já aqueles sistemas agrícolas, pelo contrário, na realidade e no final das contas desestimulam as próprias espécies de atividade às quais dão preferência.

É assim que todo sistema que se empenha, seja por estímulos extraordinários que dirijam a espécies específicas de atividade uma maior parcela do capital da sociedade do que iria naturalmente para elas, seja por meio de restrições extraordinárias que desviem de espécies específicas de atividade alguma parcela do capital que, de outro modo, seria nelas empregada, está na realidade agindo contra o grande propósito que ele pretende promover. Ele retarda, em vez de acelerar, o progresso da sociedade em direção à riqueza e à grandeza reais, e diminui, em vez de aumentar, o valor real da produção anual de sua terra e de seu trabalho.

Assim, portanto, se removidos todos os sistemas de favorecimento ou de restrição, o óbvio e simples sistema de liberdade natural se estabelece por si mesmo. Cada homem, enquanto não infringir as leis da justiça, é deixado perfeitamente livre para perseguir seu próprio interesse a seu próprio modo, e a trazer tanto seu trabalho quanto seu capital para concorrer com os de qualquer outra pessoa ou categoria de pessoas.

LEIA MAIS PENGUIN-COMPANHIA
CLÁSSICOS

O Brasil holandês

Seleção, introdução e notas de
EVALDO CABRAL DE MELLO

A presença do conde Maurício de Nassau no Nordeste brasileiro, no início do século XVII, transformou Recife na cidade mais desenvolvida do Brasil. Em poucos anos, o que era um pequeno povoado de pescadores virou um centro cosmopolita.

A história do governo holandês no Nordeste brasileiro se confunde com a guerra entre Holanda e Espanha. Em 1580, quando os espanhóis incorporaram Portugal, lusitanos e holandeses já tinham uma longa história de relações comerciais. O Brasil era, então, o elo mais frágil do império castelhano, e prometia lucros fabulosos provenientes do açúcar e do pau-brasil.

Este volume reúne as passagens mais importantes dos documentos da época, desde as primeiras invasões na Bahia e Pernambuco até sua derrota e expulsão. Os textos — apresentados e contextualizados pela maior autoridade no período holandês no Brasil, o historiador Evaldo Cabral de Mello — foram escritos por viajantes, governantes e estudiosos. São depoimentos de quem participou ou assistiu aos fatos, e cujas vividez e precisão remetem o leitor ao centro da história.

LEIA MAIS PENGUIN-COMPANHIA
CLÁSSICOS

Montaigne

Os ensaios

Tradução de
ROSA FREIRE D'AGUIAR
Introdução de
ERICH AUERBACH

Personagem de vida curiosa, Michel Eyquem, Seigneur de Montaigne (1533-92), é considerado o inventor do gênero ensaio. Esta edição oferece ao leitor brasileiro a possibilidade de ter uma visão abrangente do pensamento de Montaigne, sem que precise recorrer aos três volumes de suas obras completas. Selecionados para a edição internacional da Penguin por M. A. Screech, especialista no Renascimento, os ensaios passam por temas como o medo, a covardia, a preparação para a morte, a educação dos filhos, a embriaguez, a ociosidade.

De particular interesse para nossos leitores é o ensaio "Sobre os canibais", que foi inspirado no encontro que Montaigne teve, em Ruão, em 1562, com os índios da tribo Tupinambá, levados para serem exibidos na corte francesa. Além disso, trata-se da primeira edição brasileira que utiliza a monumental reedição dos ensaios lançada pela Bibliothèque de la Pléiade, que, por sua vez, se valeu da edição póstuma dos ensaios de 1595.

WWW.PENGUINCOMPANHIA.COM.BR

LEIA MAIS PENGUIN-COMPANHIA
CLÁSSICOS

John Reed

Dez dias que abalaram o mundo

Tradução de
BERNARDO AZJENBERG
Introdução de
A. J. P. TAYLOR

Dez dias que abalaram o mundo é não só um testemunho vivo, narrado no calor dos acontecimentos, da Petrogrado nos dias da Revolução Russa de 1917, como também a obra que inaugura a grande reportagem no jornalismo moderno. A Universidade de Nova York elegeu este livro como um dos dez melhores trabalhos jornalísticos do século xx. Reed conviveu e conversou com os grandes líderes Lênin e Trotski, e acompanhou assembleias e manifestações de rua que marcariam a história da humanidade.

"Jack" Reed fixou a imagem do repórter romântico, que corre riscos e defende causas socialmente justas. Cobriu os grandes eventos de sua época — a Revolução Russa, a Revolução Mexicana e a Primeira Guerra Mundial. Suas coberturas serviram de inspiração para dois filmes clássicos dirigidos por Sergei Eisenstein, *Outubro* (1927) e *Viva México!* (1931). Em 1981, Warren Beatty dirigiu o filme *Reds*, no qual interpreta Reed.

Esta edição traz apêndice com notas e textos de panfletos, decretos, ordens e resoluções dos principais personagens e grupos ligados à revolução, além de introdução assinada pelo historiador A. J. P. Taylor.

WWW.PENGUINCOMPANHIA.COM.BR

LEIA MAIS PENGUIN-COMPANHIA
CLÁSSICOS

Nicolau Maquiavel

O príncipe

Tradução de
MAURÍCIO SANTANA DIAS
Prefácio de
FERNANDO HENRIQUE CARDOSO

Àqueles que chegam desavisados ao texto límpido e elegante de Nicolau Maquiavel pode parecer que o autor escreveu, na Florença do século XVI, um manual abstrato para a conduta de um mandatário. Entretanto, esta obra clássica da filosofia moderna, fundadora da ciência política, é fruto da época em que foi concebida. Em 1513, depois da dissolução do governo republicano de Florença e do retorno da família Médici ao poder, Maquiavel é preso, acusado de conspiração. Perdoado pelo papa Leão X, ele se exila e passa a escrever suas grandes obras. *O príncipe*, publicado postumamente, em 1532, é uma esplêndida meditação sobre a conduta do governante e sobre o funcionamento do Estado, produzida num momento da história ocidental em que o direito ao poder já não depende apenas da hereditariedade e dos laços de sangue.

Mais que um tratado sobre as condições concretas do jogo político, *O príncipe* é um estudo sobre as oportunidades oferecidas pela fortuna, sobre as virtudes e os vícios intrínsecos ao comportamento dos governantes, com sugestões sobre moralidade, ética e organização urbana que, apesar da inspiração histórica, permanecem espantosamente atuais.

LEIA MAIS PENGUIN-COMPANHIA
CLÁSSICOS

Jean-Jacques Rousseau

Do contrato social

Tradução de
EDUARDO BRANDÃO
Organização e introdução de
MAURICE CRANSTON

Do contrato social é um tratado político escrito pelo filósofo Jean-Jacques Rousseau e publicado pela primeira vez em 1762. Polêmico e controverso, o livro suscitou um debate que dura até os dias de hoje e que atravessa muitos campos do conhecimento humano.

Rejeitando a ideia de que qualquer um tem o direito natural de exercer autoridade sobre o outro, Rousseau defende um pacto, o "contrato social", que deveria vigorar entre todos os cidadãos de um Estado e que serviria de fonte para o poder soberano. Aos olhos dele, é a sociedade que degenera o homem, um animal com pendor para o bem.

Extraído de uma obra maior, *Do contrato social* é um livro que trata de questões ligadas à política e à lei, à liberdade e à justiça. A sociedade imaginada por Rousseau foi considerada por muitos um modelo de totalitarismo, enquanto para outros foi uma poderosa declaração de princípios democráticos.

Esta edição inclui prefácio do cientista político Maurice Cranston, que examina as ideias políticas e históricas que influenciaram Rousseau, além de inserir *Do contrato social* no contexto de sua vida e personalidade extraordinárias.

WWW.PENGUINCOMPANHIA.COM.BR

LEIA MAIS PENGUIN-COMPANHIA
CLÁSSICOS

Alexis de Tocqueville

Lembranças de 1848
As jornadas revolucionárias em Paris

Tradução de
MODESTO FLORENZANO

O ano é 1848. Ao longo de um inverno particularmente rigoroso, agitações políticas e sociais espalham-se pela França. A população de Paris, centro nevrálgico da monarquia, subleva-se no final de fevereiro, forçando a abdicação e a fuga do rei Luís Filipe. Uma forte reação conservadora, porém, logo se impõe no governo republicano e na nova Assembleia Constituinte. No mês de junho, dezenas de milhares de operários levantam barricadas na primeira revolução socialista moderna, cuja repressão implacável resulta na morte de quase 5 mil pessoas.

Em *Lembranças de 1848*, Alexis de Tocqueville oferece à posteridade seu testemunho daquele momento crucial da história da França e de toda a Europa, reconstituindo com vividez os fatos e personagens do drama revolucionário de seu ponto de vista de cidadão, deputado e ministro do "partido da ordem" (como Marx denominou as forças reacionárias de então).

WWW.PENGUINCOMPANHIA.COM.BR

LEIA MAIS PENGUIN-COMPANHIA
CLÁSSICOS

Liev Tolstói

Os últimos dias de Tolstói

Tradução de
ANASTASSIA BYTSENKO, BELKISS J. RABELLO,
DENISE REGINA DE SALLES,
NATALIA QUINTERO E GRAZIELA SCHNEIDER
Coordenação editorial de
ELENA VASSINA
Introdução de
JAY PARINI

Em sua juventude, Liev Tolstói (1828-1910) levava uma vida notavelmente desregrada, Dado a frequentar bordéis, fã do jogo e da bebida, o aristocrático herdeiro de vastas propriedades no Volga não chegou a concluir os cursos de direito e letras orientais da Universidade de Kazan. Autor de romances como *Anna Kariênina* (1878) e *Guerra e paz* (1869), Tolstói já era comparado a gigantes como Goethe e Shakespeare quando se inicia a crise espiritual que culminaria a publicação de *Uma confissão* (1882), livro-chave de sua conversão mística.

Escritos a partir dessa data decisiva, os textos reunidos em *Os últimos dias de Tolstói* incluem cartas, contos, fábulas morais, trechos de diários e textos filosóficos, bem como ensaios críticos e políticos. Traduzidos pela primeira vez diretamente do russo para o português, e com prefácio de um dos maiores estudiosos da obra de Tolstói, essa coletânea de textos ilumina a fascinante personalidade criadora de um dos maiores gênios da literatura universal.

WWW.PENGUINCOMPANHIA.COM.BR

1ª EDIÇÃO [2013] 5 reimpressões

Esta obra foi composta em Sabon por warrakloureiro
e impressa em ofsete pela Geográfica sobre papel Pólen Soft
da Suzano S.A. para a Editora Schwarcz em agosto de 2021

A marca FSC® é a garantia de que a madeira utilizada na fabricação do papel deste livro provém de florestas que foram gerenciadas de maneira ambientalmente correta, socialmente justa e economicamente viável, além de outras fontes de origem controlada.